jacobo castellano riflepistolacañon

jacobo castellano riflepistolacañon

MAI 36 GALERIE

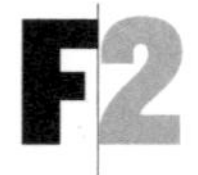

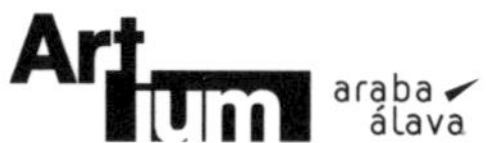

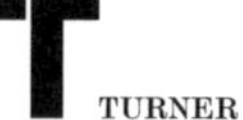

TURNER

javier hontoria

rincones polvorientos de la vida. jacobo castellano
life's dusty corners: jacobo castellano

In one of the first entries made to his famous diaries titled *The Business of Living*, Cesare Pavese wondered what might lead him in his work to write about red moonlit cliffs. "They reflect nothing of myself," he stated, "a vague uneasiness, nothing more, and that should never be sufficient justification for a poem. If these rocks were in Piedmont, though, I could very well absorb them into a flight of fancy and give them a meaning. Which comes to the same thing as saying that the fundamental basis of poetry is a dark awareness of the importance of those bonds of sympathy, may be those biological relations, that are already alive, in embryo, in the poet's imagination before the poem is begun." One need only converse with Jacobo Castellano for a few minutes to understand just how much he has made the world which he constructs his own. In the landscape of contemporary art, in which there is a powerful trend towards huddling around clichés and rigid aesthetic parameters, the work by this artist from Jaén calls out with great freedom and rigor for the memory of what has been lived, of past experience as both an individual record and a choral assumption. These years in Spain, an increasingly numerous set of artists has been turning its attention back in time towards the history and art of our country with a newfound zeal for exploring the characteristics that define our cultural identity. Perhaps because globalization and technology have caused their patience to wear thin, or maybe due to the ravages of the economic crisis under the shadow of which they arose, quite a considerable number of aesthetic currents have made a solid commitment to re-examining the austere facets of rural histories, which can be seen in their decisive, unequivocal bond with material uncertainty. When this now sizeable group of artists burst onto Spain's art scene, Jacobo Castellano had already been around for years, oblivious to the red moonlit cliffs and more closely concerned with inspecting everything which makes one's own works unique.

Unlike the work by those other artists, Jacobo Castellano's has avoided repeated mentions of certain episodes in the history of Spanish art. His resource was and still is memory, which he uses to guide us unfalteringly towards a childhood filled with a mix of random events and stories written in the lowercase. This does not prevent him from dealing with topics of interest to all, such as the fervor for Holy Week, or the effect held on local residents by the cinema his grandfather ran in the Jaén province town of Villargordo, or the most trivial of personal episodes (I was about to write "as trivial as a sip of sour milk," but the topic of milk is in no way trivial here, because it has conditioned the artist's whole later life, as we shall see). Logically, it is in the family home where his tales of childhood were forged, in the dust covering hidden corners, on pieces of furniture and other belongings that

En una de las primeras entradas de su célebre diario *El oficio de vivir*, Cesare Pavese se preguntaba qué habría de llevarle a tratar en su trabajo las rocas rojas lunares. "No reflejan nada mío —alegaba— salvo un magro sentimiento paisajístico que nunca debería justificar una poesía. Si estas rocas estuvieran en el Piamonte sí que sabría embeberlas en una imagen y darles un significado. Lo que viene a decir cómo el primer fundamento de la poesía es la oscura conciencia del valor de las relaciones, quizá las biológicas, que ya viven una larvada vida de imagen en la conciencia prepoética". Bastan tan solo unos minutos de conversación con Jacobo Castellano para comprender cuán suyo es el mundo que construye. En el paisaje artístico contemporáneo, en el que es poderosa la tendencia a agruparse en clichés y rígidos parámetros estéticos, la obra del artista jienense apela con tanta libertad como rigor a la memoria de lo vivido, a una experiencia que es tanto registro individual como asunción coral. En España, un cada vez más nutrido grupo de artistas vuelve estos años la mirada a la historia y al arte de nuestro país con renovado afán de explorar cualidades definitorias de nuestra identidad cultural. Tal vez por el hartazgo que provocan la globalización y la tecnología, o quizá por los estragos causados por la crisis económica bajo cuya sombra emergió, un número considerable de posiciones estéticas apostó con firmeza por recuperar la dimensión austera de las historias rurales, visibles a través de un decidido e inequívoco apego a la precariedad material. Cuando este grupo de artistas, hoy legión, irrumpió en el escenario artístico español, Jacobo Castellano ya llevaba muchos años por aquí, ajeno a rocas rojas lunares y ligado a la inspección de todo aquello que singulariza lo propio.

A diferencia de la obra de estos artistas, la de Jacobo Castellano ha eludido la recurrente cita a determinados episodios de la historia del arte español. Su recurso fue y todavía es la memoria, desde la que nos dirige, sin titubeos, a una infancia entreverada de azares vernáculos y de historias escritas en letra minúscula. Esto no le impide abordar temas de interés colectivo, como el fervor de la Semana Santa o el efecto que en los vecinos tenía el cine que regentaba su abuelo en el pueblo jienense de Villargordo, como el más nimio episodio personal (iba a escribir "nimio como un mal trago de leche", pero el asunto de la leche no es en modo alguno trivial, pues ha condicionado, como veremos, toda la vida posterior del artista). Como es lógico, es en la casa familiar donde se fraguan las historias de la infancia, en el polvo que cubre los rincones, en muebles y enseres que durante años ocupan un mismo lugar. De la casa conserva Jacobo recuerdos fragmentarios, y es precisamente en la búsqueda y posterior gestión de esos fragmentos cómo se construye toda su obra.

En las formidables salas de Artium de Vitoria-Gasteiz vemos un tiovivo (*Casa*, 2004-2005) instalado armónicamente junto a otras obras de época temprana, pero

have sat for years in exactly the same place. Jacobo has kept fragmented memories from his home, and it is precisely in his search for and later arrangement of these fragments that he constructs his entire body of work.

At Artium's formidable exhibition halls in Vitoria-Gasteiz, we see a merry-go-round (*Casa*, 2004–05) installed harmoniously alongside other works from his early period, but when it was shown for the first time in the main room at the Fúcares Gallery, in what was the first solo exhibition by Jacobo in Madrid, the merry-go-round proved to be too large compared with the size of the space. While miniaturized compared with us. Today, fifteen years later, I am unable to look at that merry-go-round from any other vantage point than the same astonishment I felt back in the day. This merry-go-round is revealed with a rare monumentality in which the rotundity of the motif contrasts with a fragmented ambience spurred by its members—isolated bicycle parts—mutilated by the passage of time. Completed using scraps, wood chips with images glued onto them by God-knows-who and what for, they sharply reveal a time that once was, while at once insinuating a feeling closer to the tragic than to a gratitude for remembrance: such is the abject heterogeneity of its forms. As in other works of his from this period, Jacobo Castellano went to his childhood home and other neighboring houses to carry out an exercise in deconstruction and reconstruction. If the restoration of memory about past experience depends upon having done this, it can be viewed as a plaything not devoid of violence, because the decomposition of items which one day comprised the family ambience evokes the rage to which the boy subjects the toy in order to understand it.

A small catalogue made on the occasion of an exhibition by the artist over a decade ago now in Salamanca includes a set of writings which consist of a rare material in his production, because he is not an artist accustomed to expressing himself in words. Therein he speaks about the merry-go-round and also mentions the violence implicit in the use and enjoyment of any toy: "The toy is mine!," he cries out, mimicking children who believe the little horsey they are riding belongs only to them. And he makes his first mention of "piñatas", one of the central bodies upon which he works, as can be seen in the two samples that accompany this book, two exhibitions whose title, *riflepistolacañon* (rifle-pistol-cannon) is quite revealing. The name alludes to a drawing which the artist found in the street, made by a child, on which we see a full arsenal of weapons, like an innocent archive of belligerence. The way in which the rifle, pistol and cannon are linked to create this title is not trivial. It evokes a sort of babbling, as if the child who authored the drawing were already aware of the existence of these weapons before knowing the strict rules of language,

cuando se mostró por vez primera en la sala central de la galería Fúcares, en lo que constituyó la primera exposición individual de Jacobo en Madrid, el tiovivo se revelaba sobredimensionado con respecto a la sala. Y miniaturizado con respecto a nosotros. A día de hoy, quince años después, soy incapaz de ver este tiovivo desde otro prisma que no sea el del mismo extrañamiento de entonces. Se nos revela este tiovivo en una rara monumentalidad en la que la rotundidad del motivo contrasta con un ambiente fragmentario que provocan sus miembros mutilados –piezas aisladas de bicicletas– por el paso del tiempo. Realizado a partir de retales, pedazos de madera con imágenes a ellos pegadas por quién sabe quién y con qué intención, revelan con nitidez un tiempo que fue, y deslizan a la vez un sentimiento más cercano a lo trágico que a la gratitud del recuerdo, tal es la abyecta heterogeneidad de sus formas. Como en otras obras de esta época, Jacobo Castellano acudía a su casa de la infancia y a otras vecinas para acometer un ejercicio de deconstrucción y reconstrucción. Si de esta depende la restitución de la memoria de lo vivido, aquella se entiende como un juego no exento de violencia, pues la descomposición de los elementos que un día conformaron el ambiente familiar evoca la saña con la que el niño somete al juguete con el fin de comprenderlo.

Un pequeño catálogo realizado con motivo de una exposición que realizó hace ya más de una década en Salamanca incluye un conjunto de escritos que son un material raro en su producción, pues no es un artista acostumbrado a manifestarse con palabras. En él habla del tiovivo y cita también la violencia implícita en el uso y disfrute de todo juguete –"¡El juguete es mío!", señala imitando a los niños que creen propio el caballito que montan– y nombra ya las piñatas, uno de sus cuerpos de trabajo centrales, como revelan las dos muestras a las que acompaña este libro, dos exposiciones cuyo título, *riflepistolacañon*, es revelador. Alude a un dibujo que el artista encontró en la calle, un dibujo realizado por un niño en el que vemos un elenco de armas, como un inocente archivo belicoso. El modo en que el rifle, la pistola y el cañón se engarzan para configurar nuestro título no es baladí. Evoca una suerte de balbuceo, como si aquel niño autor del dibujo tuviera ya conciencia de la existencia de las armas antes que de los rigores del lenguaje, de ahí las tres palabras agrupadas en una, más escupida que dicha, y la flagrante falta de ortografía.

Permanezcamos en la sala del tiovivo en Vitoria-Gasteiz, donde se encuentran también dos piezas que nos permiten comprender lo que venimos tratando. Una rara forma blanca, o más bien dos, yace en el suelo. Una mirada atenta revela que son dos mitades de lo que debió ser un mismo objeto, un pequeño caballo de papel maché pintado de blanco. No es difícil adivinar, si nos atenemos a la citada violencia

causing the three words to be grouped as one, more gurgled out than clearly stated, with a flagrantly mistaken spelling.

We remain within the merry-go-round room in Vitoria-Gasteiz, where two pieces can also be found that will allow us to understand all we have been discussing. A rare, white shape, or rather two, lie on the floor. An attentive look reveals that they are two halves of what must have been one single object, a small paper mache horse painted white. It is not difficult to guess what must have happened to something that initially appears to be a kind, harmless, little animal, if we examine all the aforementioned violence surrounding his work: it was beaten to death, its body then slit open. Jacobo is concerned with the fact that the violent gesture of beating open a piñata bears a reward, in much the same way we would be given prizes for shooting buckshot at local fairs in villages, cheered on by our parents. There must be something inherently fascinating about the violence of certain celebratory rituals... and those which are purely domestic while concealing some hidden conflict.

This slit-open horse is a tense memory of past experience, but also a reference to the idea of *inhabiting* which we have so clearly observed ever since the work *Corrales* from 2004, a series of photographs taken in the Sahara, showing the way in which local communities build shelters for goats using pieces of scrap metal, paper, fabric or anything else that can be used to protect them from the harsh desert landscape. The two parts of this horse followed different paths once separated. One of the halves remained in a recumbent position, while the other stood up, supported by two rods of metal crossed in the shape of an X. The two experienced the growth of somewhat precise, inhabitable spaces within their entrails. In the one lying down, a glass of milk has been introduced, an unmistakable allusion to the intoxication which caused the young Jacobo to react with convulsions, an indelible experience no doubt. The architecture of trauma framed within the game's violence defines this work, which, after its initial split in two, has once again been unified in Vitoria-Gasteiz, because the pair now lie alongside each other, in a typical example of the way in which Jacobo Castellano recreates formal languages and strategies to insist upon the ductile nature of remembrance.

Also dangling from the ceiling of the exhibition room where the merry-go-round and the dismembered horse are hung is a sort of mobile made from the parts of an old bicycle. Now belonging to the Artium collection, the work is so similar to the great work which Jacobo Castellano created in his early period, the acclaimed *Casa I*, presented for the first time ever at the 2006 edition of the ARCO International

que rodea toda su obra, lo ocurrido con lo que parecería, inicialmente, un animalito amable e inofensivo: lo habrán molido a palos, abriéndolo en canal. A Jacobo le interesa el hecho de que el gesto violento de romper una piñata traiga consigo un premio, como cuando obteníamos también premios al disparar perdigones en las ferias de los pueblos, jaleados por nuestros padres. Debe haber algo fascinador inherente a la violencia de ciertos ritos celebratorios..., y también de aquellos que son puramente domésticos y que encierran un conflicto velado.

Este caballo abierto en canal es tensa memoria de lo vivido, pero también una referencia a esa idea de *habitar* que con tanta nitidez observamos desde aquellos *Corrales* de 2004, un conjunto de fotografías tomadas en el Sahara que muestran el modo en que las comunidades locales construyen los refugios para las cabras utilizando retales de metal, papel, tela y todo lo que pueda servir para proteger de las inclemencias del desierto. Las dos partes de este caballo siguieron cursos distintos una vez separadas. Una de estas mitades permaneció yacente, la otra se irguió, apoyándose en dos varas de madera cruzadas en forma de aspa. Las dos vieron crecer en sus entrañas espacios habitables más o menos precisos. En la que permaneció yacente se introdujo un vaso de leche, alusión inequívoca a una intoxicación que produjo una convulsa reacción en el joven chaval, una experiencia sin duda imborrable. La arquitectura del trauma enmarcada en la violencia del juego define un trabajo que, tras su desdoblamiento inicial, vuelve a unificarse en Vitoria-Gasteiz, pues las dos piezas yacen ahora una junto a otra en un típico ejemplo del modo en que Jacobo Castellano reelabora lenguajes y estrategias formales para insistir en la naturaleza dúctil del recuerdo.

Del techo de la sala en la que cuelgan el tiovivo y el caballo desmembrado pende también una suerte de móvil realizado con piezas de una vieja bicicleta. Perteneciente hoy a la colección de Artium, la obra es prima hermana de aquel gran trabajo que Jacobo Castellano realizó también en sus inicios, la celebrada *Casa I*, presentada por vez primera en la edición de 2006 de la Feria Internacional de Arte Contemporáneo (ARCO). Una y otra pieza, muy afines en lo formal y en su procedencia, se acogen, de nuevo, a la deconstrucción y posterior recomposición de elementos de carácter doméstico, propios y ajenos, en heterogéneo *assemblage*. Marcos de puertas y ventanas, fotografías colgantes, cinturones, vigas, fragmentos de lámparas, marcos de fotografías apelmazados incomprensiblemente... Se yergue el conjunto en milagroso equilibrio, del mismo modo en que la pieza de la colección de Artium va rotando siempre su posición, como aludiendo a las constantes transformaciones que sufren nuestras impresiones de lo vivido, siempre abocadas a cambios en la percepción que de ello tenemos.

Contemporary Art Fair. Both of these pieces, with great affinity in formal terms and origin, turn once again to the deconstruction and later recomposition of elements of a domestic nature, belonging to himself and others, in a heterogeneous *assemblage*. Door jambs and windows, hanging photographs, belts, beams, lamp fragments, picture frames incomprehensibly compacted… The ensemble rises in a miraculous equilibrium, in the same way that the piece in the Artium collection always spins, as if alluding to the constant transformations undergone by our impressions of past experiences, always destined to suffer changes in our perception of them.

I return to this idea of deconstruction and recomposition in order to further discuss one of the most important topics in Jacobo Castellano's practice from those years up to now, a journey which has drawn his work to an increasing homogeneity, to a concentration of formal components, to an exercise in synthesis. His expansive work, rather noisy, and the exaltation of scraps were once essential formal arguments, cries for an inaccurate, fragmented memory. The passing years and the solid, conscious maturity that have come with them have turned the artist's work into concrete statements about the value of intuition, a tool currently prevailing over discourse and language, determining the way materials are treated and the relationship between dissonant matter and objects.

A recent piece, presented for the first time in Seville but also present in Vitoria-Gasteiz, it arouses a feeling of surprise because of the discrepancies amongst its elements—which are only two, it should be pointed out—, in opposition with the ardent accumulation that can be seen in prior works. It consists of a large projector from the movie theater which the artist's grandfather ran in Villargordo, the town where his family spent their scorching Andalusian summers. This huge projector has been embedded into an enormous olive tree trunk, also taken from the town. The result is an ensemble which yet again appears to be an oddity but at the same time highlights ownness as an essential vehicle for meaning. The olive trunk, now lying in order to provide a place to set the large projector, has a catlike appearance, and the tension between its movement and the motionlessness of the projector it holds is notable. Next to it is a smoothed star made rather carelessly out of a block of wood, also lightly painted, sharply announcing a glow, perhaps in allusion to the cinema, perhaps to the different, the enigmatic, to everything unforeseen which the townsfolk are offered up with every new film.

Two seat backs rescued from an old cinema in Motril hang low on the wall behind the piece, as if still in use. The scene is bizarre, as if unfinished (I cannot deny

Vuelvo a esta idea de la deconstrucción y la recomposición con el fin de avanzar una de las cuestiones más relevantes en el desarrollo de la práctica de Jacobo Castellano desde aquellos primeros años hasta ahora, un trayecto que ha llevado a su obra a una creciente homogeneización, a una concentración de sus componentes formales, a un ejercicio de síntesis. El quehacer expansivo, más bien ruidoso, o la exaltación del retal fueron en su momento argumentos formales esenciales, reivindicaciones de una memoria imprecisa y fragmentaria. Los años y con ellos una madurez solvente y consciente han tornado la obra del artista en concretas afirmaciones del valor de la intuición, una herramienta que hoy se impone al discurso y al lenguaje y que determina el tratamiento del material y la relación entre materia u objetos disonantes.

Una pieza reciente, presentada por vez primera en Sevilla y presente también en Vitoria-Gasteiz, sorprende por la discrepancia de sus elementos –solo dos elementos, conviene señalar–, en oposición a la fogosa acumulación visible en trabajos anteriores. Se trata de un gran proyector procedente del cine que el abuelo del artista regentó en Villargordo, el pueblo donde pasaba con su familia los tórridos veranos andaluces. Ese enorme proyector ha sido incrustado en un enorme tronco de olivo, también procedente del pueblo. El resultado es un conjunto que produce, de nuevo, extrañamiento, sí, pero a un mismo tiempo distingue lo propio como vehículo esencial de significado. El tronco de olivo, que ahora yace para acoger sobre sí el gran proyector, tiene un aspecto felino, y es notable la tensión entre su movimiento y el estatismo del proyector que soporta. Junto a ella, una estrella desbastada de un bloque de madera sin demasiado cuidado y también levemente pintada anuncia intensamente un fulgor, tal vez alusivo al cinematógrafo, tal vez a lo diferente, a lo enigmático, a cuanto de imprevisto habría de ofrecer siempre cada película a los vecinos del pueblo.

Dos respaldos rescatados de un antiguo cine motrileño cuelgan, a baja altura, como todavía en uso, detrás de la pieza. La escena es rara, como inconclusa (no puedo negar que me recuerda a esa cosa fragmentaria y abyecta tan presente en la obra de Pepe Espaliú). El polvo que los cubre ha sido convenientemente fijado por Jacobo. No es simplemente una manifestación del tiempo acumulado, sino también síntoma de la disolución de lo corpóreo. Parte de nosotros, señala con frecuencia Jacobo, se halla en cada rincón de la casa familiar y el artista acude a menudo al polvo tornándolo en materia en sí misma, para resaltar el carácter tangible del cuerpo que un día fue. Es tan inaprensible como algunas de las figuras que pueblan sus fotografías, que pueden verse colgadas, de un modo convencional, en friso, como la serie *Álbum*, o sencillamente pendiendo de los móviles de las piezas del entorno de la citada

that it reminds me of the fragmented, abject feature so present in Pepe Espaliú's work). The dust covering them has been conveniently fixed in place by Jacobo. It is not just an expression of time gone by, but also a symptom of the dissolution of corporeality. A part of us, Jacobo frequently points out, can be found in each corner of the family home, and the artist often makes use of dust, turning it into matter in and of itself, to underline the tangible nature of the body it once was. It is as difficult to grasp as some of the figures that dwell in his photographs, which can be seen hung conventionally, in a frieze, like the series *Álbum*, or simply hanging from mobiles in the pieces surrounding the aforementioned work *Casa I*, in what I consider to be an undoubtedly unique formal solution. These photographs show figures half-erased by the passage of time, difficult to discern, an absence already confirmed.

The cinema in Villargordo is associated with a fill to tell a story, to present vernacular tales. The objects comprising the pieces have narrative features themselves. The idea is no longer so greatly to make the fragment visible as a dislocated, dismembered entity, like the scraps of memory which made up his earliest pieces. The different objects, of astonishing disparity (slingshots, leather straps, shards of brick, hunting decoys, parts of religious figures, shirt collars, alms boxes, bowling balls...), invoke small local, personal and collective stories. In his well-known work *Paso*, a large wood structure evoking the Holy Week processions which the Andalusian community so fervently takes part in, balls fashioned from silver foil remind us of the sandwich wrappings of processional float bearers; in another work, also hanging, we can see two small wooden rhombuses stuck to an old, dusty apron, shapes which used to be displayed on Spanish television screens as a symbol of prohibited programming to remind parents that children were to be sent to bed. For Jacobo, bigger and smaller stories, including this collective religious fervor and minor household tales, hold the same narrative potential.

*

Juxtaposed with the burden of objectivity borne today by artistic practices, as we said, Jacobo Castellano advocates intuition as a method. The origin of this intuition lies in the lived experience and a mastery of materials, which have become more sculptural. They have clearly evolved from his prior practice, more geared towards the installation, though the recent trend is, as seen in the final room at the Contemporary Art Andalusian Center (CAAC) in Seville, and in the entrance hall at Artium in Vitoria-Gasteiz, to group varyingly anthropomorphic figures into large ensembles.

Casa I en lo que considero una solución formal sin duda insólita. Estas fotografías muestran figuras medio borradas por el paso del tiempo, difícilmente discernibles, una ausencia ya constatada.

Al cine de Villargordo asociamos la voluntad de contar, de presentar historias vernáculas. Los objetos que integran las piezas tienen propiedades narrativas en sí mismos. No es ya tanto la visibilización del fragmento como entidad dislocada, desmembrada, como retales de la memoria que configuraban sus piezas primeras. Los diferentes objetos, de una disparidad asombrosa (tirachinas, cintos de cuero, trozos de ladrillo, reclamos de caza, miembros de figuras religiosas, cuellos de camisa, limosneros, bolas para derribar bolos...), apelan a las pequeñas historias locales, personales o colectivas. En su conocido *Paso*, una gran estructura de madera que evoca los pasos de Semana Santa a la que con tanto fervor se asoma la comunidad andaluza, bolas realizadas con papel de plata evocan el envoltorio de los bocadillos de los costaleros; en otro trabajo, también colgante, observamos, pegados a un viejo y polvoriento mandil, dos pequeños rombos de madera, como los que aparecían en la esquina de nuestros televisores, símbolo de lo prohibido que recordaba a los padres que había que mandar a los niños a la cama. Historias mayores y menores, como ese colectivo fervor religioso o las pequeñas historias domésticas, tienen para Jacobo el mismo potencial narrativo.

*

Frente a la carga de objetividad que soportan hoy las prácticas artísticas, Jacobo Castellano apela, decíamos, a la intuición como método. Esta intuición tiene su origen en la experiencia vivida y en el dominio del material, más escultórico ahora, en clara evolución desde una práctica anterior de corte más instalativo, aunque la tendencia reciente es, como se vio en la sala final del Centro Andaluz de Arte Contemporáneo (CAAC) de Sevilla y en el vestíbulo de entrada de Artium de Vitoria-Gasteiz, es la de agrupar figuras más o menos antropomorfas en grandes conjuntos.

Hablamos de los llamados *Personajes*. Realizados en los últimos tres años, tienen en el trabajo con la madera su punto de origen, al que van añadiéndose piezas encontradas aquí y allá, o más bien buscadas, pues en su obra el *objet trouvé* no tiene el significado que habitualmente se da a este término, habitualmente asociado al azar. La de Jacobo es una búsqueda consciente de los elementos que pueden contribuir a la construcción de las narrativas, objetos que adquiere en contextos variados, desde mercados de segunda mano a páginas de internet. Hay en estas grandes figuras un rastro

Here what is being referred to are the *Personajes*. Completed over the last three years, their point of origin lies in the woodwork, to which objects found in one place or another have been added, or rather objects searched for, because in his work, the objet trouvé does not possess the meaning customarily given to this term, usually associated with chance. Jacobo's is a conscious search for items that can contribute to building the stories he tells, objects which he acquires in a variety of contexts, from flea markets to websites. In these large figures there is an anthropomorphic mark, cross-shaped forms which may be reminiscent of legs, often topped by skeins of metal thread. The growing homogeneity and specificity in the materials does not conceal a work process, a series of tasks that bonds together pieces of wood haphazardly assembled, as if intentionally seeking to create a disheveled, dirty look, distant from the exquisite neatness of design. Robust and sturdy, these characters guide us towards an inspection of matter, evoked by the crude folds in the flesh, in which it is not difficult to see, if I may be allowed this interpretation, the body of the artist himself, a body which tells a story, a body which makes a statement, always through the objects sought and found, which he adds to the works, often in the most unlikely way.

These characters, grouped into large sets, were shown in quite different ways at the two exhibitions, and tend to be displayed along with another recent series. Both are similar in terms of their formal approaches, but without the anthropomorphic factor, instead evoking the game of the piñata mentioned at the beginning of this text. These piñatas have a somewhat architectural structure, with their large wooden pillars supporting thick metal rods. Hanging from them are constructed and acquired objects, enormous shotguns made with wooden boards stapled together (the staple becomes a recurring feature); large wine jugs, fragments of vases hanging from wires... The atmosphere is certainly staged, and the equilibrium precarious, yet again: small wedges are sometimes required to secure the composition.

The use of these large wooden structures also evokes the gestures made in a set of prior works, those called the *Peleles*, based on the cartoon by Francisco de Goya, showing a festive episode from popular tradition. As one would expect, Jacobo adds an atmosphere of some violence to the scene, what with the dismemberment of head, torso and limbs, and the resounding way in which the fragments torn asunder fall down. The idea of the shredded rag persists, with pieces of fabric covering the back side of the wood, as if emphasizing the corporeality of the flesh. Two large straw dolls fell from the upper rooms of the CAAC in Seville, alongside the towering chimneys in the building's central space, and one did so in Vitoria-Gasteiz, in

antropomorfo, formas en aspa que pueden evocar piernas, coronadas en muchos casos por madejas de hilo metálico. La creciente homogeneización y especificidad del material no oculta el proceso de trabajo, un quehacer que aglutina piezas de madera ensambladas torpemente, como buscando pretendidamente un aspecto desaliñado y sucio, alejado de la pulcritud del diseño. Robustos y recios, estos personajes apuntan a una inspección de la materia que evoca los rudos pliegues de la carne, y no es difícil ver en ellos, si se me permite esta interpretación, el cuerpo mismo del artista, un cuerpo que narra, un cuerpo que dice, siempre a través de los objetos buscados y encontrados que a él se incorporan, muchas veces de manera inverosímil.

Estos personajes, agrupados en grandes conjuntos, fueron exhibidos de muy diversa forma en las dos exposiciones, y tienden a ser mostrados junto a otra serie reciente, cercana en sus planteamientos formales pero sin la carga antropomorfa, evocando, más bien, aquel juego de la piñata mencionado al principio de este texto. Tienen estas piñatas cierta estructura arquitectónica, con sus grandes pilares de madera que sostienen gruesas varas metal. De ellas cuelgan objetos construidos y adquiridos, enormes escopetas realizadas con planchas de madera grapadas unas a otras (la grapa empieza a ser un elemento recurrente); grandes garrafas de vino, fragmentos de jarrones colgando de alambres... El ambiente es decididamente escenográfico, y el equilibrio, de nuevo, precario: en ocasiones hacen falta pequeñas cuñas para asegurar la composición.

El uso de estas grandes estructuras de madera evoca también los gestos de un grupo anterior de trabajos, los conocidos *Peleles*, realizados a partir del cartón de Francisco de Goya que muestra un episodio festivo de tradición popular. Jacobo, como cabría esperar, aporta al asunto un clima de cierta violencia, tal es el desmembramiento de cabeza, tronco y extremidades y la rotundidad con la que caen los desgajados fragmentos. Persiste la idea del jirón, con telas que cubren la parte posterior de las maderas, como enfatizando la corporeidad de la carne. Dos grandes peleles caían de las altas salas del CAAC de Sevilla, junto a las altísimas chimeneas de su espacio central, y uno lo hacía en Vitoria-Gasteiz, en marcado contraste con la horizontalidad de las cerchas. Frente a ellos asistimos al zarandeo del chaval, pero la caída evoca a un mismo tiempo el drama vertical de un juicio final.

Hay en toda la obra de Jacobo Castellano una alusión al truco y a la picaresca, tan españoles. Si recordamos a Espaliú en los objetos en los que se adivina un cuerpo fragmentado, no podemos obviar la influencia de ese otro trilero de nuestro arte, Juan Muñoz. Un conjunto de piezas recientes evoca los juegos en los que el dedo se separa

marked contrast with the horizontal nature of the arch trusses. Across from them, we witness the boy being shaken, but the falling at the same time evokes the vertical drama of a final judgment.

In all of Jacobo Castellano's work, we see allusions to trickery and the picaresque, such Spanish themes. While we are reminded of Espaliú in the objects in which a fragmented body can be discerned, we must not leave out the influence of the other trickster in our art world, Juan Muñoz. An ensemble of recent pieces evokes the games in which one pretends his finger is being separated from his hand. They are blocks covered with dark ebony wood parallelepipeds in which the finger's dismemberment can be intuited. Accompanying the carefree ambience of the game is a constructivist, abstract atmosphere, more rigid and structured than we are accustomed by the pedestrian overlapping of antagonistic materials and objects. They are raised over spotless white tops, a feature unseen before in his work, as if extolling the entertaining warmth of experience and, at the same time—and herein lies the paradox—also aspiring to express a unique, solemn reflection about the purity of form.

Thus, it is not surprising that these black pieces appeared in the shadowy realm of a rotating convent door in Vitoria-Gasteiz. Made specifically for this exhibition in Álava, Jacobo built a structure in the middle of a large white wall, whose capstones had been traced with blue powder known as "azulillo" ("azulillo" or "azulete" is the name in Spain for the powder used to create straight lines at construction sites), in the form of a revolving door, which we are to interpret as the space for giving and receiving personal items and goods at convents where nuns are cloistered. Amid the pieces of wood and vertical strips of fabric, we can just barely see the space on the other side, and we must grow accustomed to lighting which is more reminiscent than ever of a theatrical performance.

As I write these lines, the exhibition closing off this series having been held a few weeks ago now, Jacobo Castellano is making his first major foray into sculpture for the public realm. After reading this text, many will find it easy to assume that his work in that medium will not be rotund, or a celebration of the corporate business world, or a self-serving representation of red moonlit cliffs. In fact, it is simply a pigeon loft, an immense structure raised over incredibly strong pillars of wood, offered as a first place of respite for birds crossing the Straits of Gibraltar. This is essentially what concerns Jacobo Castellano, the prosaic inspection of the widest possible range of hidden corners in life.

de la mano. Son bloques armados con paralelepípedos de oscura madera de ébano, en los que se entrevé el desmembramiento del dedo. Al ambiente amable del juego acompaña una atmósfera constructivista y abstracta, más rígida y articulada de lo que nos tiene acostumbrada la pedestre imbricación de materia y objetos antagónicos. Se alzan sobre impecables peanas blancas, algo insólito en su trabajo, como enalteciendo la lúdica calidez de la experiencia y al mismo tiempo, y aquí reside la paradoja, aspirando a una inédita y solemne reflexión en torno a la pureza de la forma.

No sorprenderá, por tanto, que aparecieran estas negras piezas en Vitoria-Gasteiz en el ámbito penumbroso de un torno conventual. Realizado específicamente para esta muestra alavesa, Jacobo construyó en el centro de un gran muro blanco, cuyos sillares estaban esbozados con azulillo (azulillo, o azulete, es el nombre que damos en España al polvo que se utiliza para trazar líneas rectas en la construcción), una estructura en forma de torno que hemos de interpretar como el espacio de intercambio de enseres y de afectos en los conventos de clausura. Adivinamos entre las maderas y los retales de tela verticales el espacio al otro lado, y hemos de acostumbrarnos a una iluminación que apela más que nunca a lo teatral.

Mientras escribo estas líneas, inaugurada hace ya unas semanas la muestra que cierra este ciclo, Jacobo Castellano hace su primera gran incursión en la escultura de carácter público. Habiendo leído este texto, muchos asumirán sin dificultad que la suya no será una rotonda, ni una celebración del mundo empresarial corporativo, ni la representación interesada de rocas rojas lunares. Se trata, sencillamente, de un palomar, una inmensa estructura alzada sobre poderosísimos pilares de madera que se ofrece como una primera parada para las aves que cruzan el estrecho de Gibraltar. Esto es esencialmente lo que ocupa a Jacobo Castellano, la prosaica inspección de los más diversos rincones de la vida.

luis caballero martínez
el juego sin fin (notas de un coleccionista)
the endless game (notes of a collector)

I well remember my visit to *Dos de pino*, the exhibition that Jacobo Castellano presented at Galería Fúcares in Madrid in 2012. I knew some of his earlier work (some installations, his "corrales del Sahara," the guillotined shoes, and so on), but I didn't know very much about his artistic intentions, and I had never actually met him. I remember those precarious objects with names that recalled Goya's (*Bebedores 1, 2…* [Drinkers], *Pelele* [Effigy], *Sin habla* [Mute], *Postura* [Posture], *Malos tiempos* [Bad times], *Ya son ganas* [A bee in his bonnet], *Dos de pino* [Two of pine], etcetera), simultaneously crude and subtle, steeped in acid humor and dark gravity. Each was different from the others, yet they shared an unmistakable family resemblance, as if they had emerged with surprising vitality from a dry but forceful biographical diorama. Each was inviting yet unwilling to be understood. Beyond their titles these pieces did little to make the viewer's work any easier. And if I were to interpret them I would say that that collection of broken allegories seemed like a singular recovery of long-lost people or objects (if, indeed, they had ever had a material existence), whose ghostly traces almost frenetically pursued the artist. As a group, they were formidable in their beauty and coherence. My experience of that visit was dense and disquieting. That day, my notebook bristled with words like "precarious," "mimetic," "play," "lost time," and "comic" (I had yet to experience Jacobo's enormous guffaws). The exhibition was nearly over and the piece I most liked had already been sold.

I was one of the first to visit the *Homo Ludens* exhibition at Madrid's F2 Galería in 2015—practically the day that show opened—and the equally Goya-inspired *Pelele* placed just to the right of the entrance (at first glance, I thought it was a *Descent from the Cross*) captured my attention the moment I saw it. The error of perceiving descent in something that was actually ascending made me think about the inevitable differences between the creator's intentions and the viewer's perception in contemporary art. Still, on this occasion, both the title and the pieces (their unstable equilibria, the monumental expanses of interwoven toothpicks about to explode, and so on) clearly conveyed a sense of play and toys. Like other works by Jacobo, they continued to strike me as grave and serious, but also comic and even jocular. Those rickety or incomplete, fragile yet powerful objects were also equally splendid, and once again they playfully conveyed a sense of a recovered place and time, the rigor of being raised, the vehemence and impetus of childhood…

The neologism "riflepistolacañon" [riflepistolcannon] that Jacobo discovered in a child's drawing provided a title for his recent exhibitions at the CAAC in Seville and Artium in Vitoria-Gasteiz, and it could not possibly be any more emblematic of his work, not to mention precise and amusing. It captures and sums up all the splendor

Recuerdo bien la visita a la exposición *Dos de pino* que Jacobo Castellano presentó en la galería Fúcares de Madrid en 2012. Conocía algo de su obra previa (algunas instalaciones, aquellos "corrales del Sahara", los zapatos guillotinados…), pero no sabía demasiado de su intención artística, ni lo conocía personalmente. Recuerdo aquellos objetos precarios con títulos goyescos (*Bebedores 1, 2…*, *Pelele*, *Sin habla*, *Postura*, *Malos tiempos*, *Ya son ganas*, *Dos de pino*, etcétera), toscos y sutiles a la vez, que desprendían un humor ácido y una oscura gravedad. Todos diferentes entre sí y todos con un inconfundible aire de familia, como procedentes de un diorama biográfico seco y contundente del cual emergían con una sorprendente vitalidad. Cada uno de ellos invitaba y, a la vez, se resistía a dejarse entender. Mas allá de los títulos, pocas ayudas facilitaban el trabajo del espectador. Puestos a interpretar, aquella colección de alegorías rotas parecía un singular rescate de personas u objetos desaparecidos (si es que tuvieron existencia material), cuyo rastro espectral perseguía el artista, casi frenéticamente. El conjunto resultaba de una belleza y de una coherencia formidables. La emoción de la visita fue densa y desasosegante. En un cuaderno en el que anoto cosas, aquel día escribí: "precario", "mimético", "juego", "tiempo perdido", "cómico" (todavía no conocía esas enormes risotadas de Jacobo). La exposición estaba próxima a finalizar y la pieza que más me gustaba ya estaba vendida.

Por el contrario, a la exposición *Homo Ludens* de 2015 en F2 Galería de Madrid llegué de los primeros, casi el día de la inauguración, y el también goyesco *Pelele* que se exponía entrando a la derecha (a primera vista me pareció un "descendimiento de la cruz") me atrapó casi nada más verlo. Haber visto bajando algo que, en realidad, subía me dio luego que pensar sobre las inevitables diferencias entre la intención del creador y la percepción del espectador en el arte contemporáneo. Pero, en esta ocasión, título y piezas (aquellos equilibrios inestables, las monumentales tramas de palillos mondadientes dispuestas para saltar por los aires…) mostraban, a las claras, que se trataba de juego y de juguetes. Como otras obras de Jacobo, me siguieron pareciendo graves y serias, pero también cómicas y hasta jocosas. En aquellos objetos, de nuevo desvencijados o incompletos, frágiles y rotundos a la vez, pero igualmente espléndidos, volvían a emerger lúdicamente un tiempo y un lugar rescatados, el rigor de la educación, la vehemencia y el ímpetu de la infancia…

El neologismo "riflepistolacañon" del dibujo infantil encontrado por Jacobo que da título a las exposiciones recientes en el CAAC de Sevilla y en Artium de Vitoria-Gasteiz no podría ser más emblemático de su trabajo. Ni más preciso, ni más divertido. Captura y sintetiza, en todo su esplendor, la incesante curiosidad de los niños, su necesidad de juego y de diversión, el rigor clasificatorio, el deseo de entender y de

of children's incessant curiosity, their need to play and have fun, their rigorous tendency to classify, their desire to understand and master, and their fascination with violence. I believe that if Jacobo Castellano and the shows' curator, Javier Hontoria, chose this new word as the title for Jacobo's mid-career retrospective (others will later bring out other keys to these vast and well-resolved exhibitions), it is because they agreed that they were, in fact, built around play.

Not long before, at an American art fair, I had fallen in love with an old village door with a cat flap that Jacobo had sawn to recreate the ticket booth and gleaming neon of a movie theater run by his grandfather in Villargordo, Jaén (at first, it struck me as the ectoplasmic crest of a picassian rooster—such is the inclement bent of some collectors). That piece gave me a clearer understanding of his *modus operandi*. And at the Seville and Vitoria-Gasteiz exhibitions, the endearing presence of a monumental projector from his grandfather's movie house had an equally powerful effect on me. No other allegory could have more clearly embodied the cinematic awareness equally present in the unending play of children that, if they are healthy, only stop when they are too tired to go on.

Plato assigned considerable pedagogical importance to play, and he seriously proposed the creation of "sanctuaries" for educating children between the ages of three and six in strictly organized play. And in another approach, Baudelaire (1853) showed equal interest in play and playthings ("doesn't this setting muster all of life in miniature, but much more colorfully, clean and shiny that in real life?"). In a text by this poet frequently mentioned by Jacobo, toys are classified as "barbarian or primitive" (rough and unnatural, but very good at stimulating a child's imagination); "alive" (animals); "scientific" (of which he was less appreciative), and "those that have, or appear to have, souls" (automatons), whose animating mechanisms become visible when they break. For Baudelaire, breaking such a toy marks the end of childhood and the beginning of adolescence, opening a gap between illusion and reality that only closes in adulthood when one is thrilled in the presence of art because it evokes the childhood mental state.

Today's toy makers reduce this taxonomy to a pragmatic and commercial classification (for example, the ESAR system: *Exercice, Sumbolique, d'Assemblage, de Règles*), but the definition of what is or isn't a "toy" is far from resolved (as is clearly proven by the impenetrable Royal Decree 1205/2011 "on toy safety": a jungle inhabited by unthinkable specters). The greatest problem probably derives from the equal difficulty of resolving the conundrum, "what is play?" (Wittgenstein, 2017) or

dominar, la fascinación por la violencia. Pienso que si Jacobo Castellano y Javier Hontoria, comisario de las dos exposiciones, han decidido titular con esa nueva palabra esta revisión de media carrera de Jacobo (otros destacarán después otras claves en estas muestras tan amplias y tan bien resueltas), era porque ambos coincidían en que el juego era su columna vertebral.

En una feria americana de arte que había visitado un poco antes, ya me había enamorado de esa vieja puerta de casa de pueblo con gatera transformada a sierra por Jacobo en la taquilla y el fulgor del neón del cine que regentaba su abuelo en Villargordo, Jaén (de entrada, me pareció la cresta ectoplásmica de un gallo picassiano, así de inclementes son algunos coleccionistas). Esa pieza me permitió entender mejor su *modus operandi*. Y en las muestras de Sevilla y Vitoria-Gasteiz, la entrañable presencia de aquella monumental máquina de proyección del cine de su abuelo me ha alcanzado otra vez de lleno. Ninguna alegoría mejor para encarnar el flujo de conciencia fílmica que alimenta también ese juego sin fin de los niños que, si están sanos, abandonan solo cuando les invade el sueño.

Platón dio mucha importancia pedagógica al juego y propuso seriamente la creación de "santuarios" para educar a los niños de tres a seis años en una estricta ordenanza lúdica. De otro modo, Baudelaire (1853) se interesó también por el juego y por los juguetes ("¿No se concita allí toda la vida en miniatura y mucho más coloreada, limpia y reluciente que en la vida real?"). En un texto del poeta que Jacobo menciona con frecuencia, se clasifican los juguetes como: "bárbaros o primitivos" (toscos y antinaturales, pero que estimulan muy bien la imaginación del niño); "vivos" (animales); "científicos" (que él apreciaba menos), y "los que tienen alma o parecen tenerla" (autómatas), cuya rotura permite ver el mecanismo que los anima. Para Baudelaire, cuando el niño rompe uno de estos juguetes finaliza la infancia, comienza la adolescencia y se abre con ello un abismo entre las ilusiones y la realidad que solo se cierra cuando, ya de adulto, se emociona ante el arte, porque evoca su vida mental infantil.

Los actuales fabricantes de juguetes simplifican este asunto clasificándolos de manera pragmática y comercial (por ejemplo, según el sistema ESAR, *Exercice, Symbolique, d'Assemblage, de Règles*), pero la delimitación del concepto "juguete" dista de estar resuelta (quien quiera prueba de ello, puede intentar transitar el impenetrable Real Decreto 1205/2011 "sobre la seguridad de los juguetes": un bosque poblado de fantasmas impensables). Acaso el mayor problema proceda de la misma dificultad de saber "qué es un juego" (Wittgenstein, 2017) o de que

from the fact that play, like fiestas, dwells in the anthropological underpinnings of artistic experience (Gadamer, 1991).

Play, and its associated social intercourse constitute one of the seven primary affective systems present in all mammals (Panksepp and Biven, 2010). The other six are those involving behavior/emotions of search, anger, fear, sexual libido, childcare and states of anxiety or sadness. These primary affective processes support other secondary ones (through automatisms of emotional learning), and even a third layer (more complex thoughts and behaviors observed only in humans). While knowledge of the neurobiological underpinnings of primary play is far from complete, we are certain that they lie in early subcortical regions of the brain which, in the case of humans, are accompanied by complex connections to the cortex, the thalamus, the reticular nuclei, the cerebellum, the basal ganglia and other brain structures. As yet, neuroscience has little solid information about these phenomena, but we know that the activation of the affective system for primary play is accompanied by abundant laughter that is already present in the sort of first conversation that takes place between babies and their caregivers. This is what gives rise to the first interactive patterns of images and the like in experience that, in turn, precedes the establishment of symbolism (Meares, 2018), a quintessential human cognitive and emotional function. Some even believe that play is so important (and so massively necessary for children) that it extends into nocturnal REM dreaming like a sort of *perpetuum mobile*. That is how complex affects are integrated into other diverse and unconnected mental phenomena that largely define each person's singularity and style (Klinger, 1971).

When I was invited to write these lines, I decided to speak with someone who had known Jacobo as a child, and I took advantage of a trip to Granada to converse with José Antonio Delgado, a retired teacher, ex-soccer player and still a fan, excellent conversationalist and father of Jacobo, who lives in that city. Almost before I could ask, he mentioned the artistic gifts of Jacobo's mother, Paqui Castellano, also a teacher, who died in 1998. I was especially struck by his emotive memory of a beautiful proto-sculpture (or proto-installation) that mother and child made together as homework about the Burial of the Sardine, the procession that marks the end of Carnival in so many parts of Spain and Latin America. He also told me a few things about Jacobo's approach to playing soccer, which I promised not to reveal. And later, he spoke of other things that would help me to better understand aspects of his personality that drive his art: his constant willingness to work, his sarcastic humor, his joyful optimism, his way of growing stronger in adversity, his

el juego esté situado, junto con la fiesta, en el cimiento antropológico de la experiencia artística (Gadamer, 1991).

El juego y el intercambio social que se le asocia conforman uno de los siete sistemas afectivos primarios presentes en todos los mamíferos (Panksepp y Biven, 2010). Los otros seis son los que dan soporte a las conductas/emociones de búsqueda, rabia, miedo, libido sexual, cuidado de la prole y estados de ansiedad y tristeza. Sobre estos procesos afectivos primarios se establecen otros secundarios (mediante automatismos de aprendizaje emocional) y luego otros, denominados terciarios (pensamientos y conductas más complejas que solo se observan en humanos). Aunque el conocimiento del sustrato neurobiológico del juego primario no se ha completado todavía, es seguro que se localiza en viejas regiones subcorticales del cerebro a las que, en el ser humano, se añaden conexiones complejas con el córtex, el tálamo, los núcleos reticulares, el cerebelo, los ganglios de la base y otras estructuras cerebrales. Por ahora, la neurociencia tiene pocas noticias firmes sobre estos fenómenos, pero sabemos que la activación del sistema afectivo del juego primario se acompaña de una abundante risa, presente ya en esa especie de primera conversación que se da entre el bebé y sus cuidadores. De ella surgen los primeros patrones interactivos de imágenes y análogos de la experiencia que, a su vez, preceden a la instauración del simbolismo (Meares, 2018), una función cognitiva y emocional humana por excelencia. Algunos incluso piensan que el juego es tan importante (y su necesidad para el niño tan masiva) que se prolonga durante el sueño REM nocturno, como si de un *perpetuum mobile* se tratase. De ese modo se integrarían los afectos complejos con otros fenómenos mentales, diversos e inconexos que definen, en gran medida, la singularidad y el estilo de cada ser humano (Klinger, 1971).

Cuando me encargaron estas líneas pensé en hablar con alguien que hubiese convivido con Jacobo de niño. Para hablar con José Antonio Delgado, pedagogo retirado, exfutbolista sin merma de afición, excelente conversador y padre de Jacobo, aproveché un viaje a Granada, donde vive. Casi antes de preguntarle, José Antonio mencionó las dotes artísticas de Paqui Castellano, también pedagoga y madre de Jacobo, fallecida en 1998. Me llamó especialmente la atención el emotivo recuerdo que hizo de una preciosa protoescultura (¿o protoinstalación?) que madre e hijo hicieron juntos para cumplir con un deber escolar sobre el Entierro de la Sardina, la procesión que da fin al Carnaval en tantos puntos de España y de Latinoamérica. Me reveló también alguna característica del Jacobo jugador de fútbol, sobre la cual juré guardar secreto. Y luego, habló de otras cosas que permitirían entender mejor aspectos de su personalidad que impulsan su obra: su disposición constante a la

jealous protection of his intimacy, the boundaries of his work, his stoicism, his capacity to adapt and to "make do with what he has" and his ways of relating and playing (including soccer). In a more indirect manner, he also gave me some clues about the broad and deep artistic veins from which he appears to draw his work. All of this reaches far back and has never been interrupted. He progresses and diversifies, but he does not repeat himself. The primary process underlying his work remains, but the secondary and tertiary processes vary according to his lifecycle in ways that do not allow me to envisage the end of this play. So, dear reader, if you know Jacobo, notice the power of his laughter.

Luis Caballero Martínez
Psychiatrist and collector
Madrid, January 20, 2019

bibliography
Baudelaire, Charles
Oeuvres Completes I, Paris: Gallimard, 1975.
Boletín Oficial del Estado (BOE)
Real Decreto 1205/2011 about the security of the toys (August 26, 2011).
Gadamer, Hans-Georg
La actualidad de lo bello, Barcelona: Paidós, 1991.
Klinger, Eric
Structure and Functions of Fantasy, New York: John Wiley & Sons, 1971.
Meares, Russell
"The Making of Mind", *Australasian Psychiatry*, 26, 2018: 79–81.
Panksepp, Jaak and Biven, Lucy
The Archeology of Mind, New York: Norton, 2012.
Wittgenstein, Ludwig
Investigaciones filosóficas, Madrid: Trotta, 2017.

actividad, su humor sarcástico, su alegre optimismo, su modo de afirmarse ante las adversidades, el celo de su intimidad, la delimitación de su faena, su estoicismo, su capacidad de adaptarse y de "valerse con lo que tiene" y sus modos de relación y de juego (fútbol incluido). De modo más indirecto, me dio también algunas pistas acerca de las amplias y profundas vetas artísticas de las que parece extraer su trabajo. Todo ello viene de lejos y no se ha interrumpido nunca. Progresa, se diversifica, pero no se repite. El proceso primario que subyace en su obra permanece, pero los procesos secundario y terciario varían con su ciclo vital, sin que yo alcance a ver el final de este juego. Fíjese el lector, si lo conoce, en la rotundidad de la risa de Jacobo.

Luis Caballero Martínez
Médico psiquiatra y coleccionista
Madrid, 20 de enero de 2019

bibliografía
Baudelaire, Charles
Oeuvres Completes I, París, Gallimard, 1975.
Boletín Oficial del Estado (BOE)
Real Decreto 1205/2011 sobre la seguridad de los juguetes (26 de agosto de 2011).
Gadamer, Hans-Georg
La actualidad de lo bello, Barcelona, Paidós, 1991.
Klinger, Eric
Structure and Functions of Fantasy, Nueva York, John Wiley & Sons, 1971.
Meares, Russell
"The Making of Mind", *Australasian Psychiatry*, n.º 26, 2018, pp. 79-81.
Panksepp, Jaak y Biven, Lucy
The Archeology of Mind, Nueva York, Norton, 2012.
Wittgenstein Ludwig
Investigaciones filosóficas, Madrid, Trotta, 2017.

BONBA-EXPLOSIBA
BONBATOXSICA
BONBA-DURMIENTE
FUSIL
PAUZEPFAUST
DAZOKA
PISTOLA
RIFLE
GRANADA.
CAÑON
PARALIZADOR
METRALLETA
MINA
TORPEDO
GRANADA-ALEMANA
MISIL
BUSCADOR DE MINAS

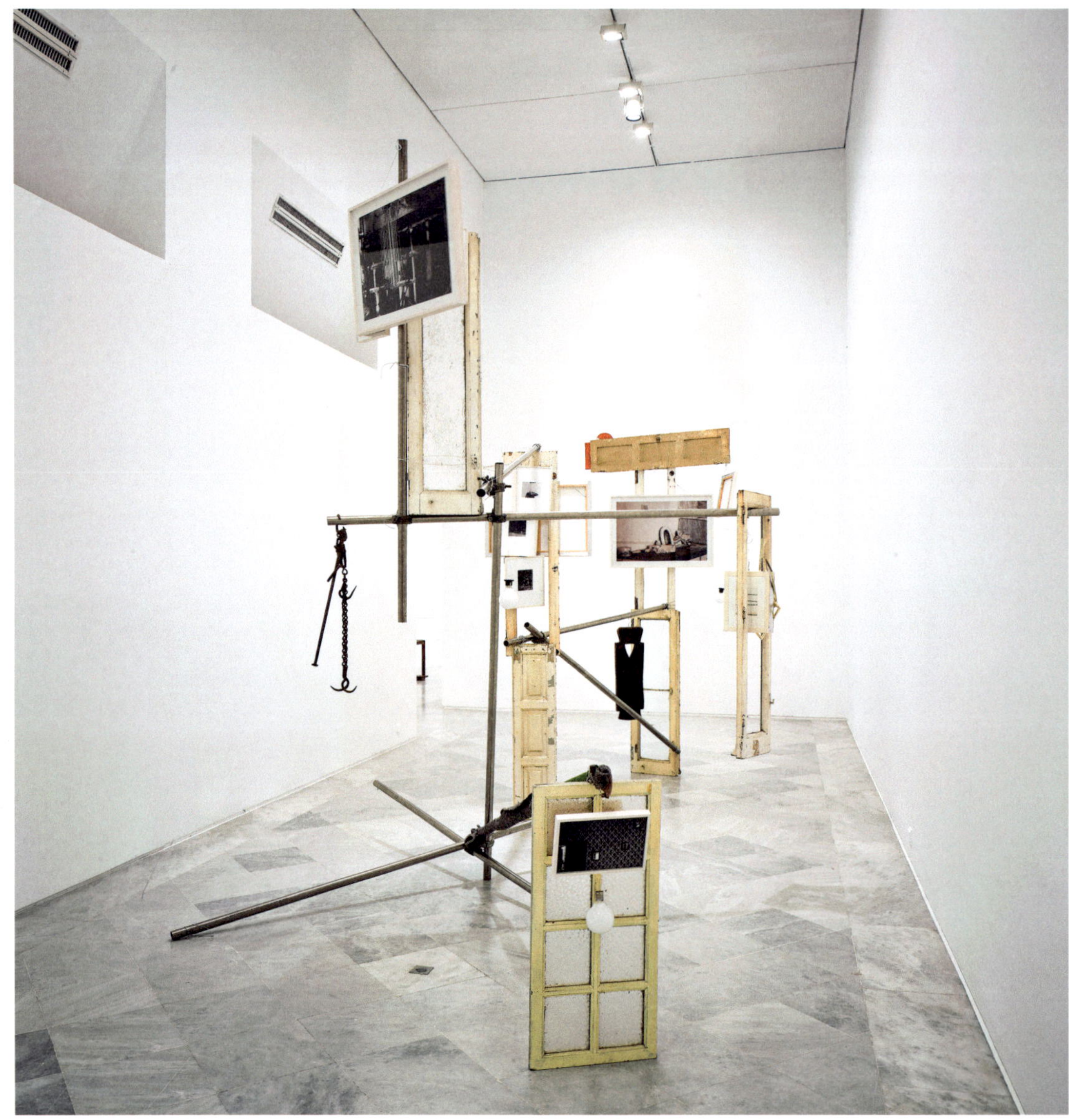

casa I
2004
375 x 280 x 538 cm
madera, acero inoxidable,
hierro, fotografías, mantas,
cerámica vidriada, aluminio,
cuerda, bombillas, cristal
y alambre
wood, stainless steel, iron,
pictures, blankets, glazed
ceramics, aluminum, rope,
light bulbs, and wire
f2 galería, madrid

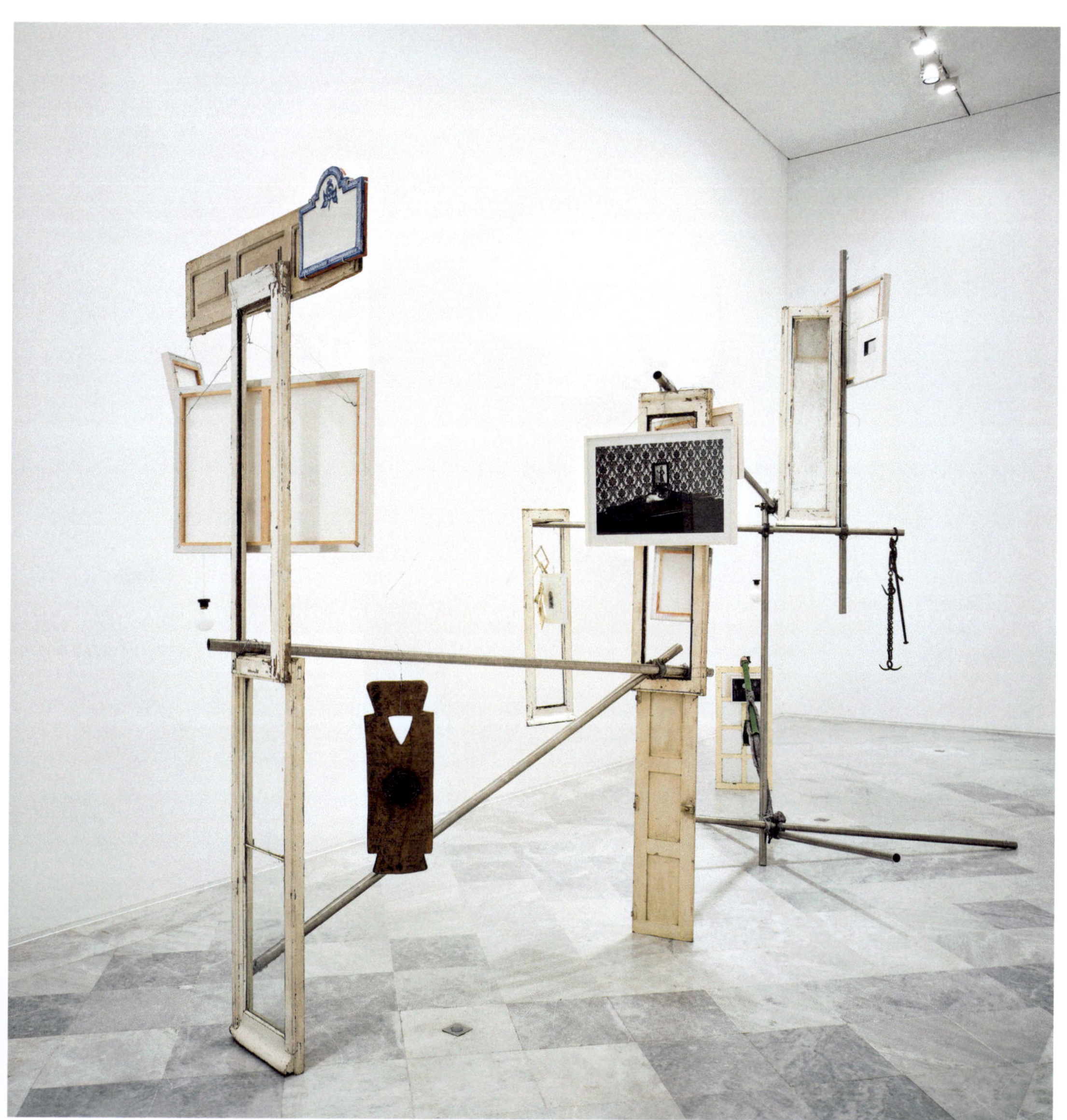

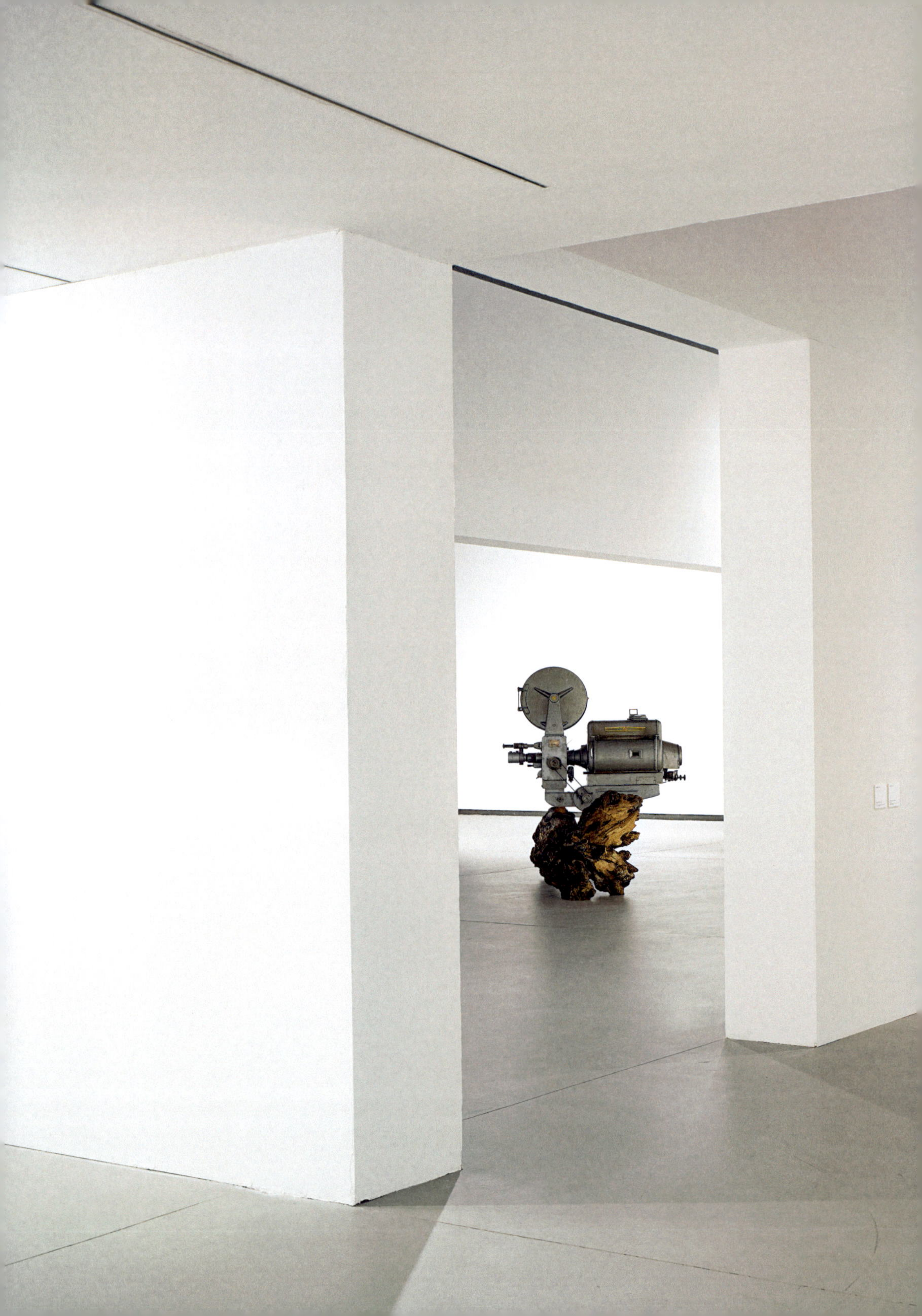

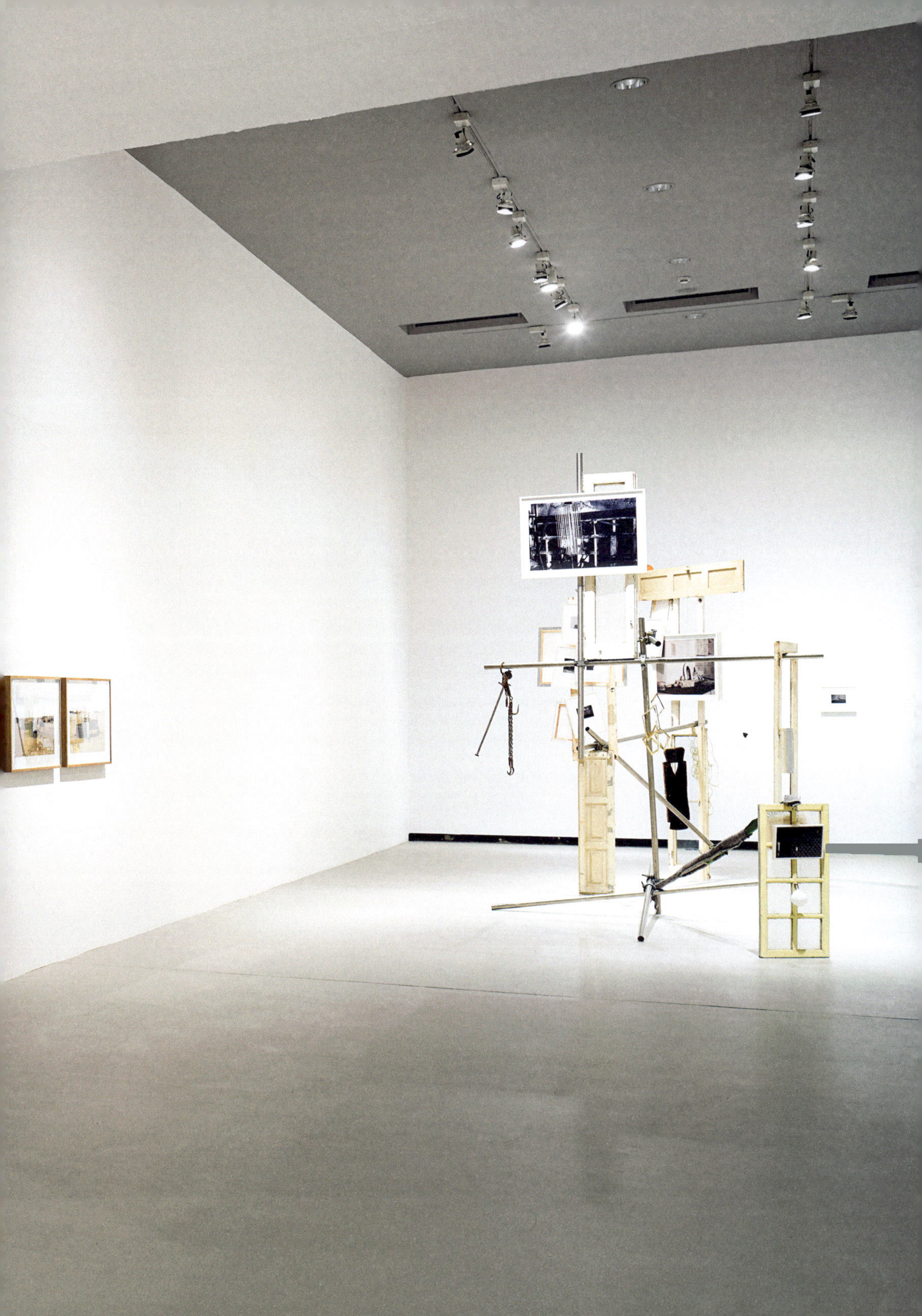

sin título
2018
205 x 172 x 267 cm
proyector cinematográfico,
olivo, polvo y aceite
cinematographic projector,
olive tree, dust, and oil
colección del artista
artist's collection

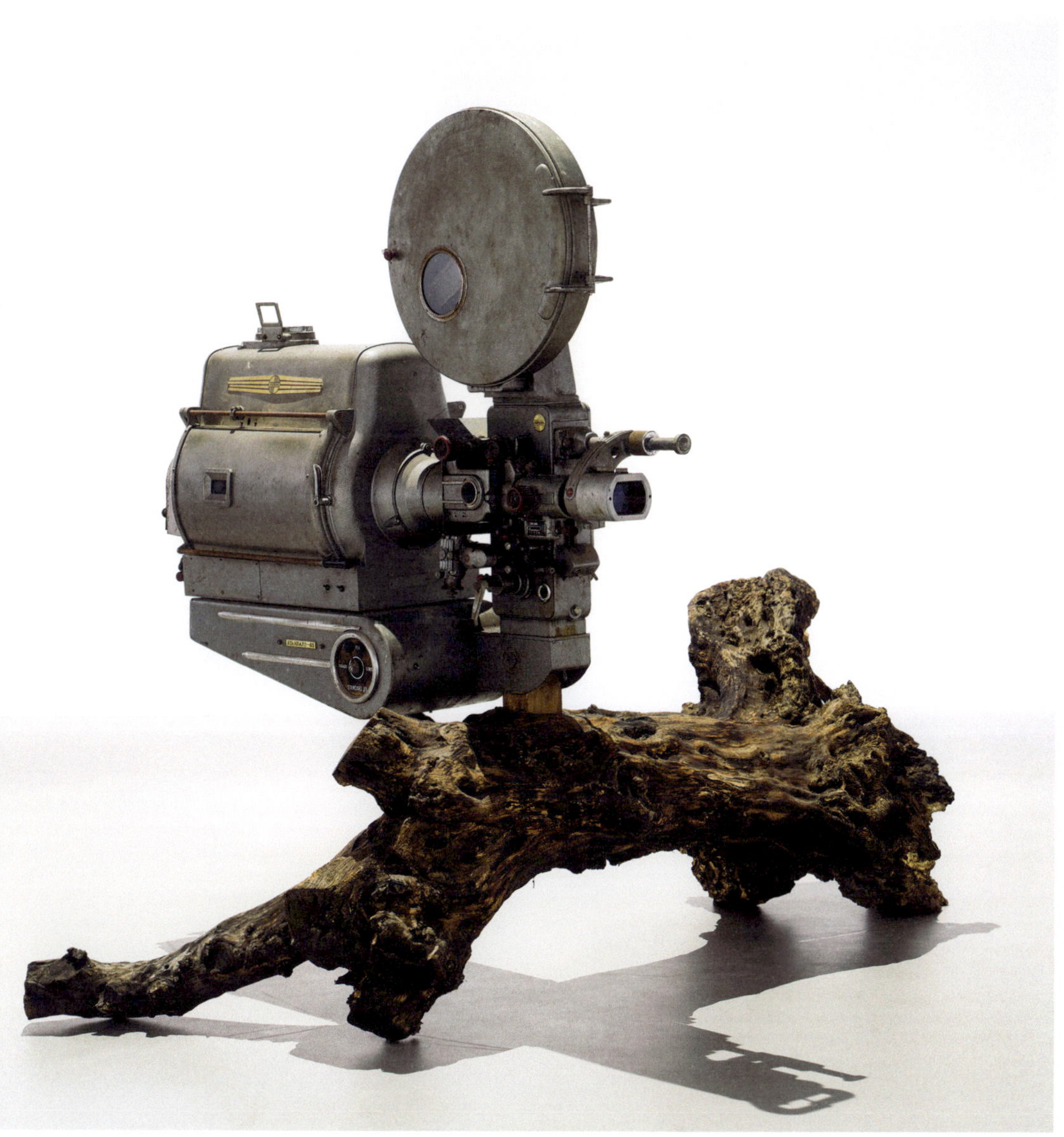

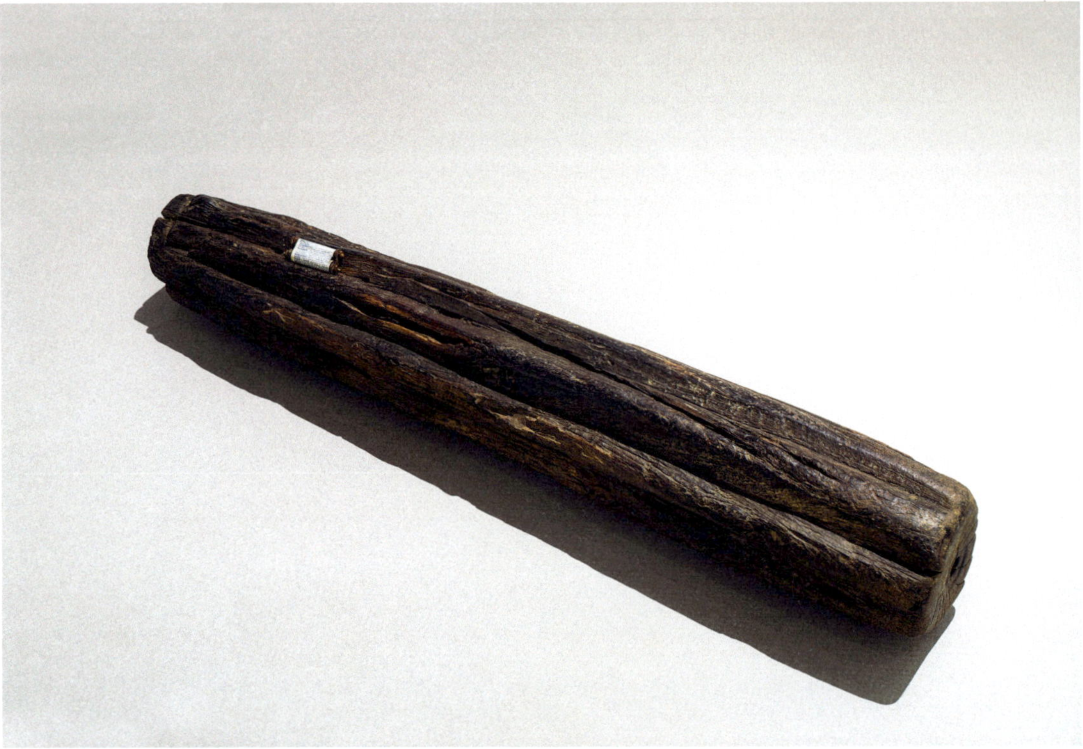

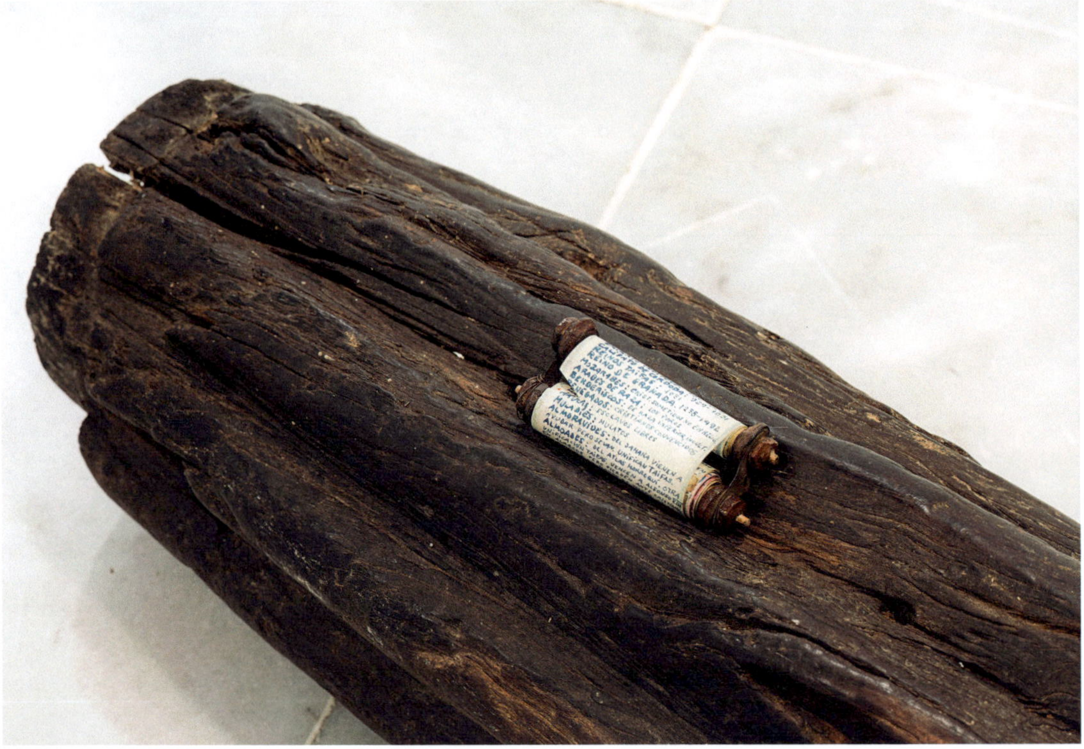

CALIFATO DE CORDOBA: 955-1031
REINOS TAIFAS:
REINO DE GRANADA. 1238-1492
MOZARABES: CRIST. SOMETIDOS NO CONVIR...
ARABES DE RA...: LOS PRIM...
BEREBERISCOS: EL MAS INFERIOR...
RENEGADOS: CRISTIANOS CONVERTIDOS
MUDEJARES: ESCLAVOS LIBRES
MULADIES: MULATOS
ALMORAVIDES: DEL SAHARA VIENEN A AYUDAR PERO SE VAN. UNIFICAN TAIFAS. OTRA
ALMOHADES: DEL ATLAS... VENCEN A ALFONSO VIII
UNIFICACION TAIFAS... PERO PIERDEN ANTE...

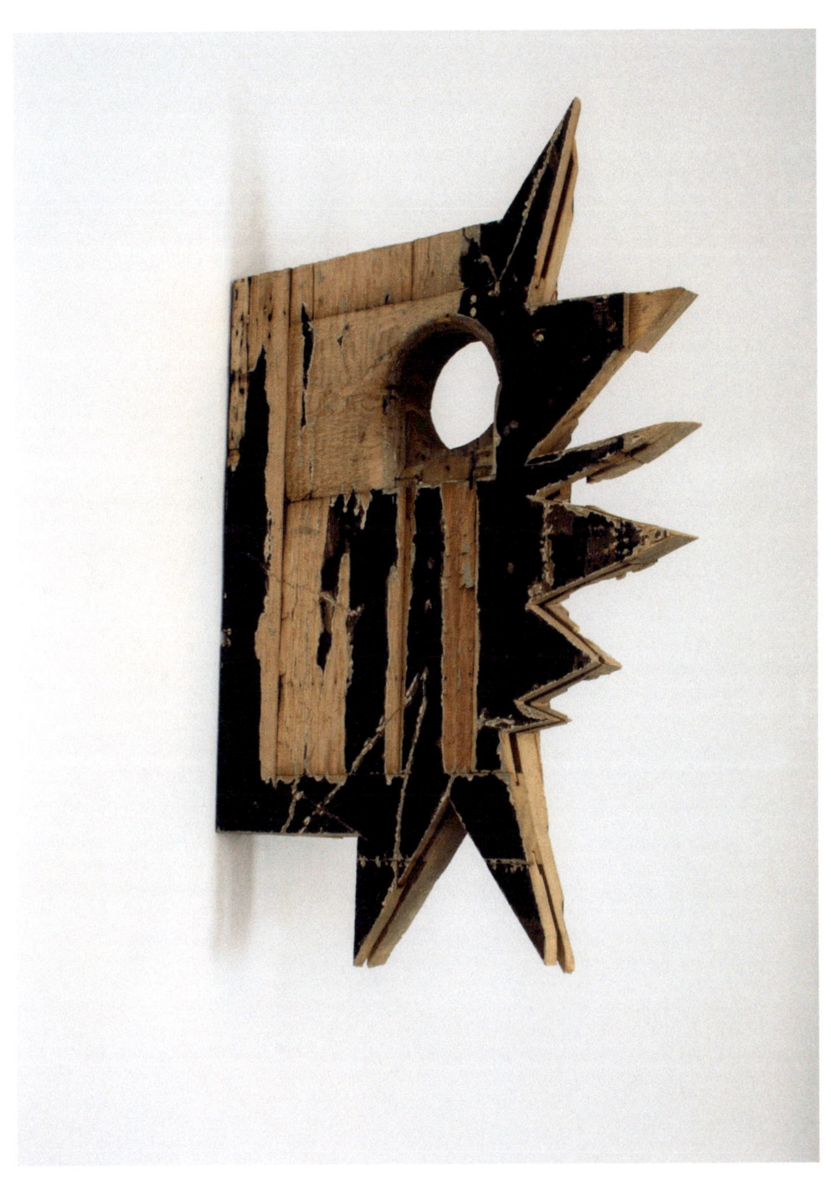

sin título

2017
17,5 x 91 x 15 cm
madera, metal y tinta
sobre papel
wood, metal, and ink
on paper
mai 36 galerie, zurich

sin título

2014
96 x 63 x 7,5 cm
madera y esmalte
wood and enamel
colección particular
private collection

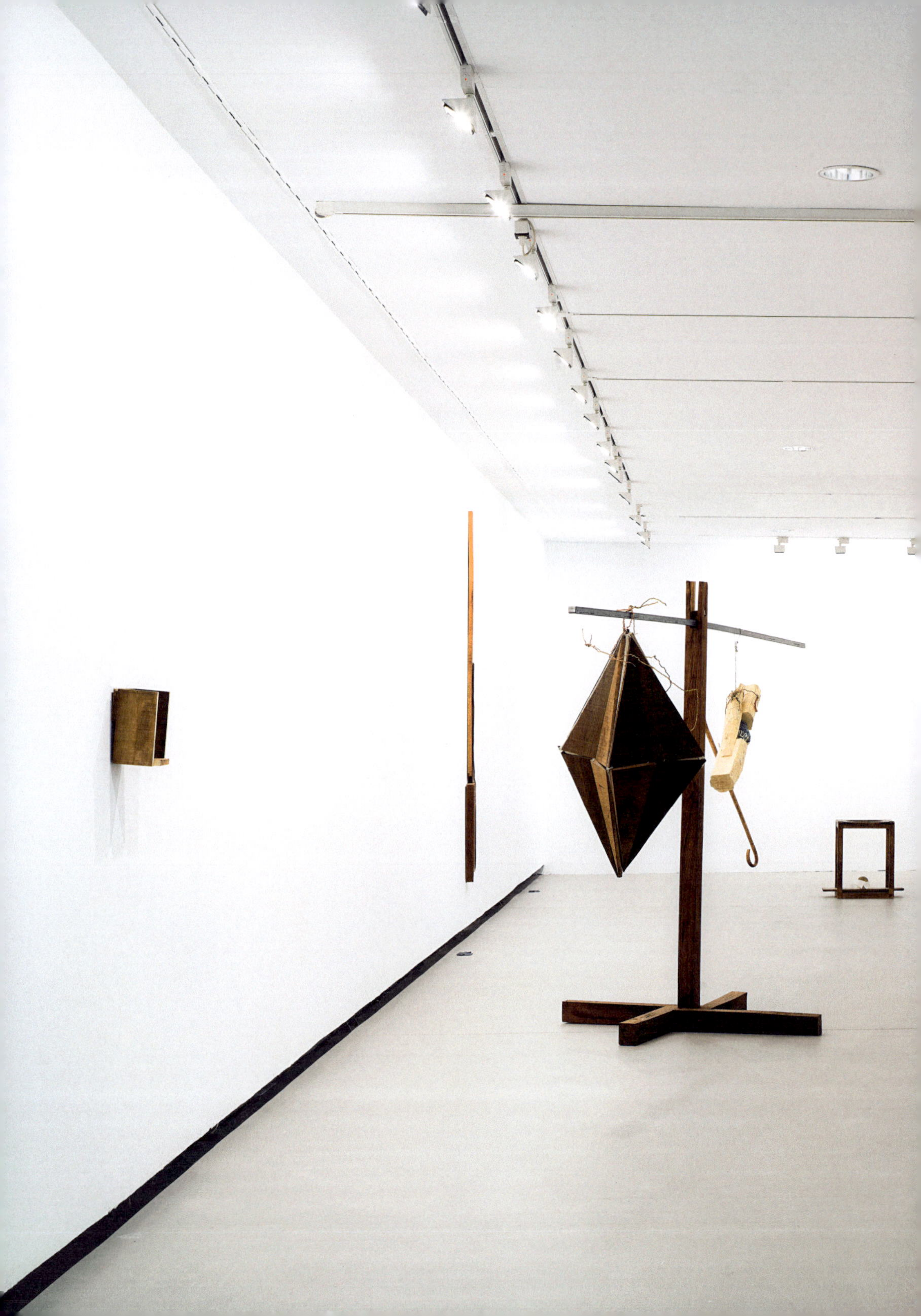

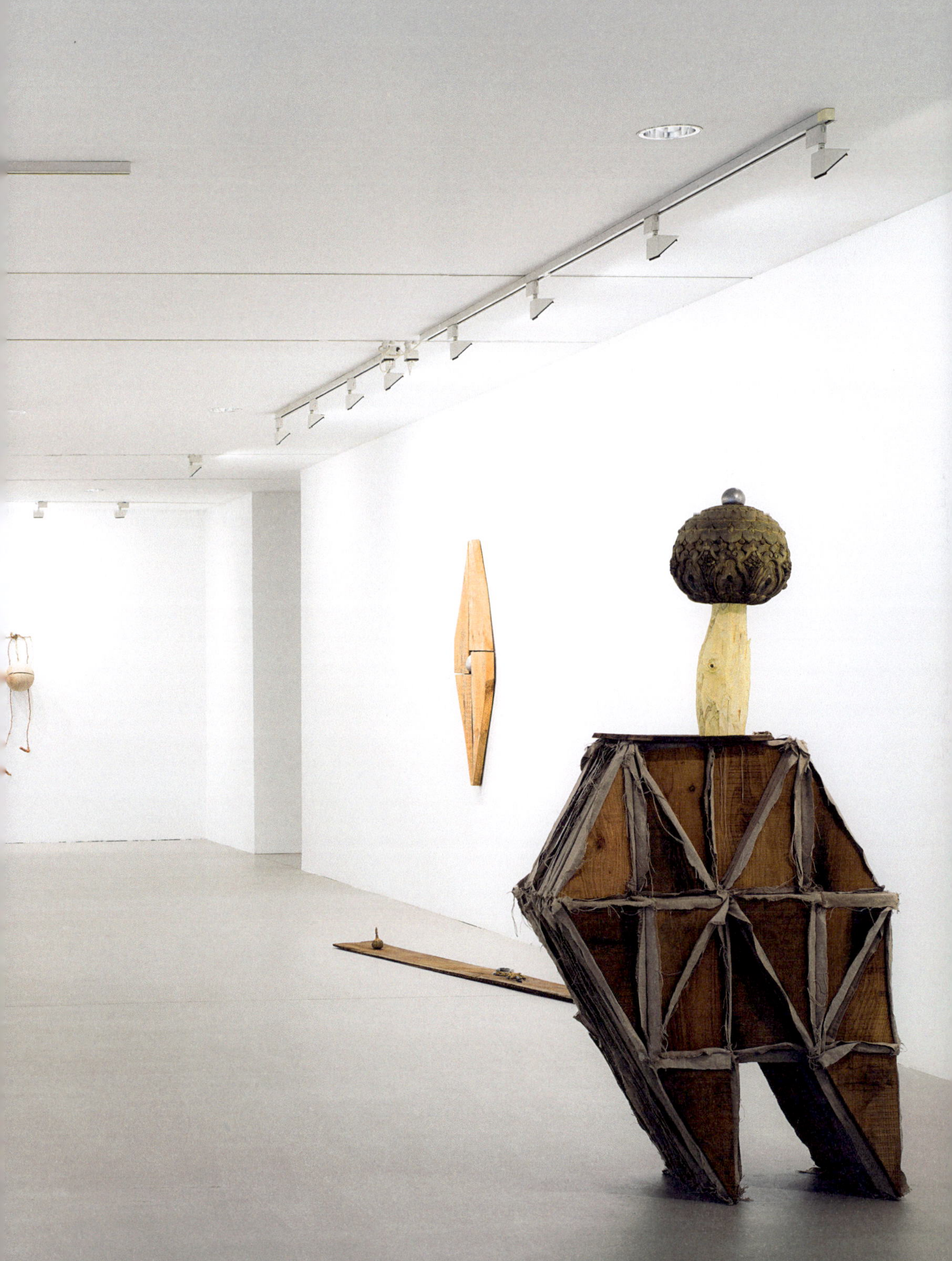

página anterior derecha:
previous page right:

sin título
2017
215 x 112 x 65 cm
madera, aceite, lino,
cerámica y acero
wood, oil, linen, ceramics
and steel
colección kells

sin público
2009
52 x 97 x 12 cm
madera, polvo, acrílico
y cuerda encerada
wood, dust, acrylic,
and waxed rope
f2 galería, madrid

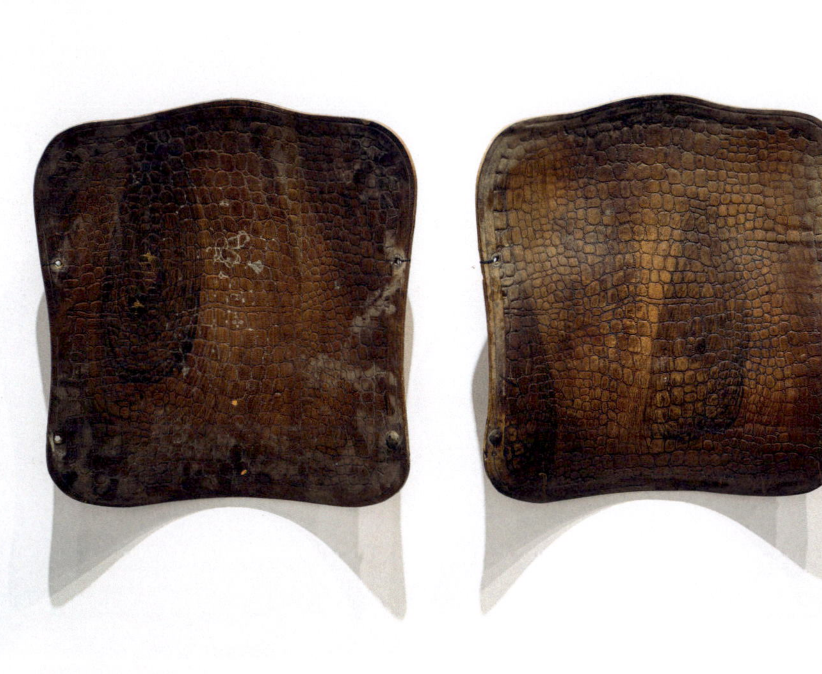

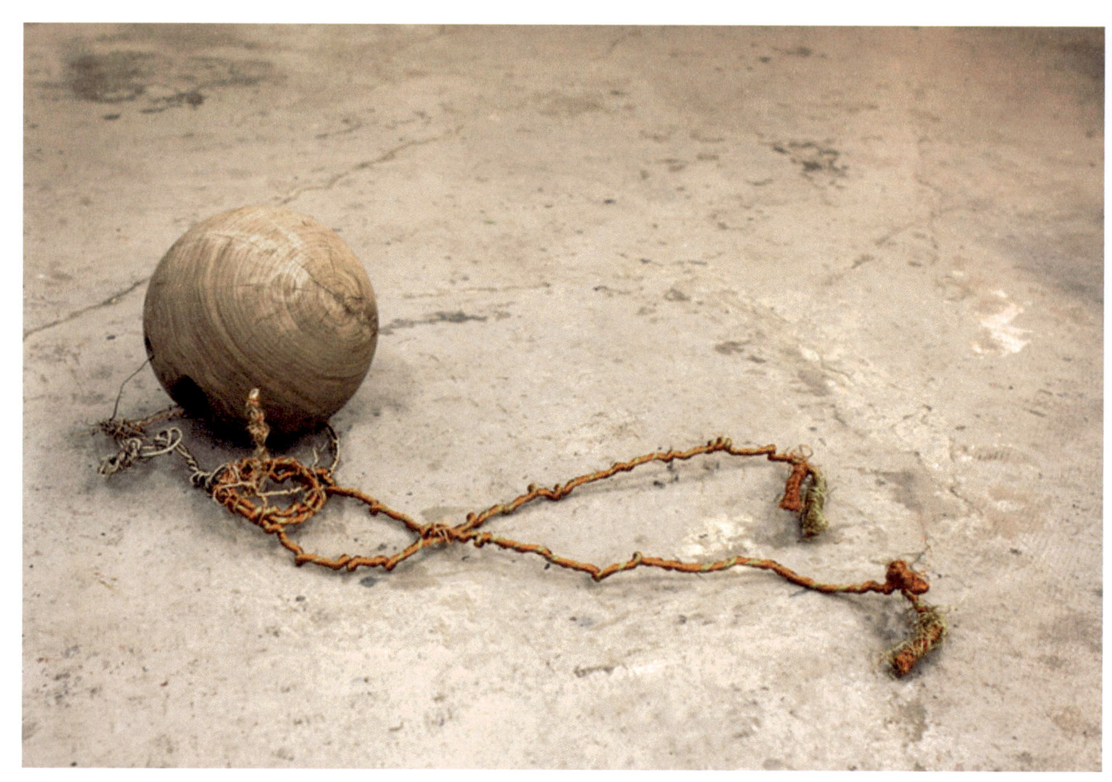

personaje
2017
31 x 129 x 56 cm
madera, latón duro, latón
dulce, cobre y alpaca
wood, hard brass, soft brass,
copper, and alpaca
mai 36 galerie, zurich

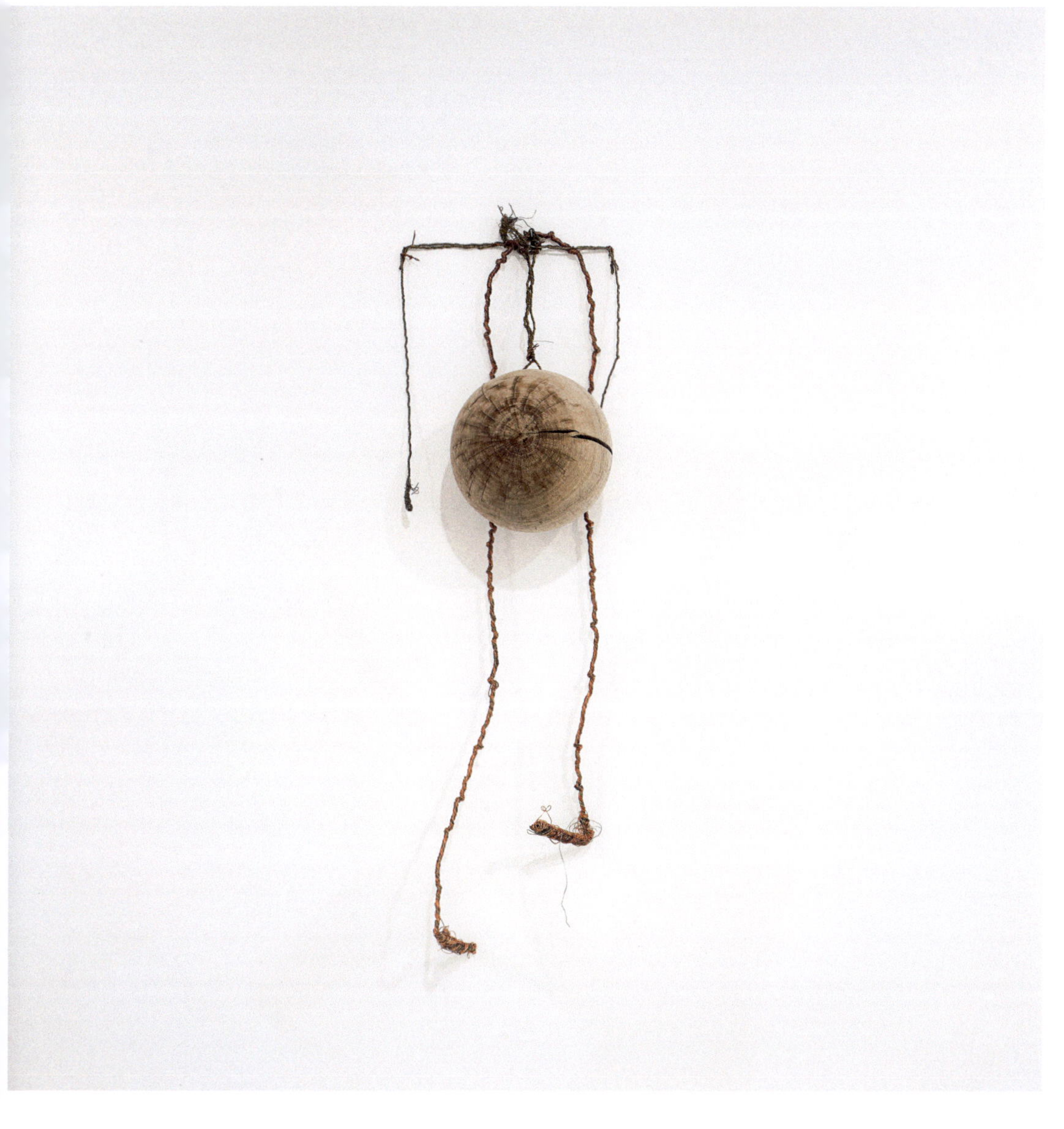

personaje
2018
155 x 53 x 41 cm
madera, latón duro, latón
dulce, cobre y alpaca
wood, hard brass, soft brass,
copper, and alpaca
mai 36 galerie, zurich

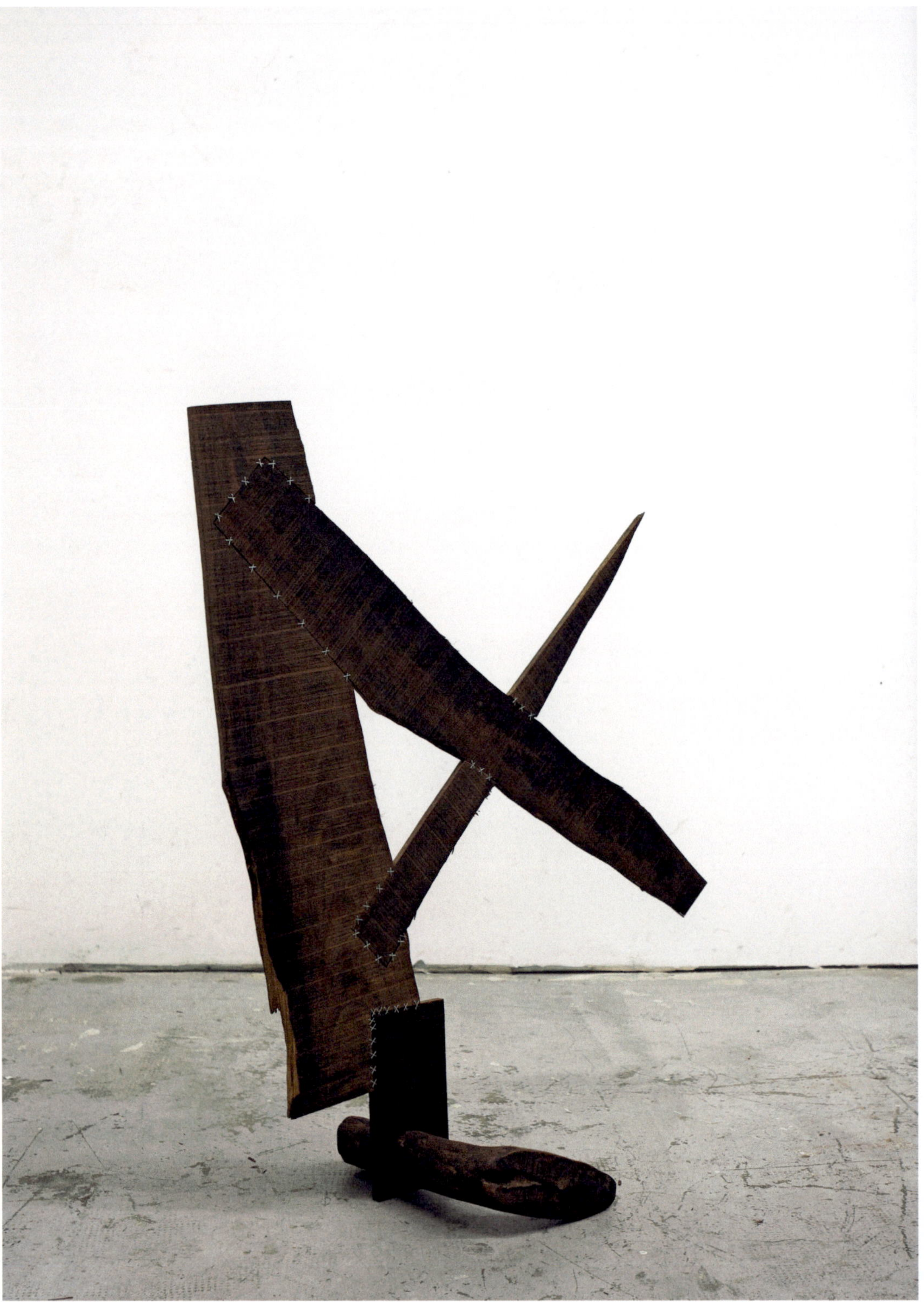

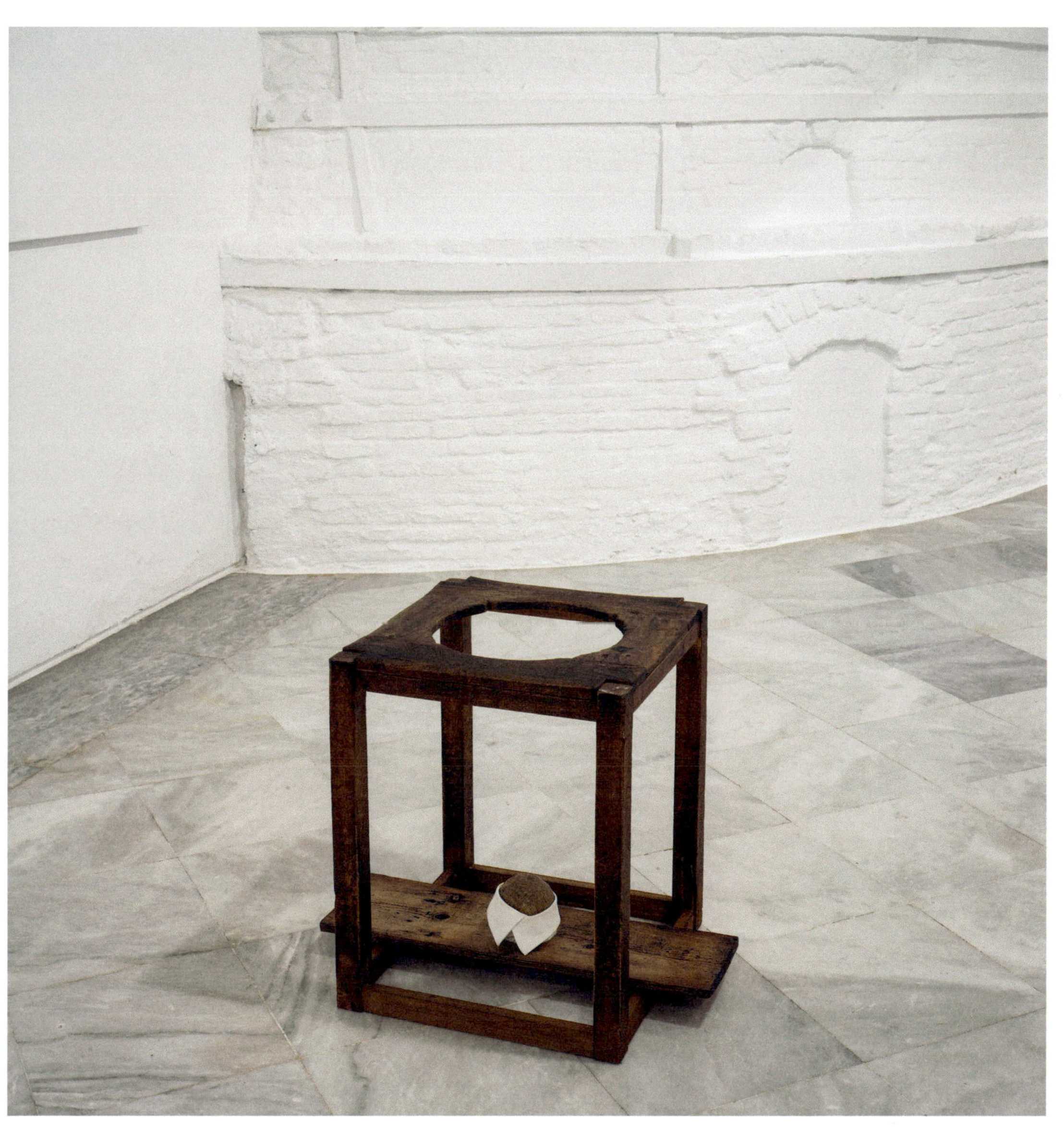

personaje
2017
96,5 x 82 x 32,5 cm
madera y grapas
wood and staples
colección del artista
artist's collection

personaje
2016
65 x 71 x 50 cm
madera, algodón, lino
y grapas
*wood, cotton, linen,
and staples*
mai 36 galerie, zurich

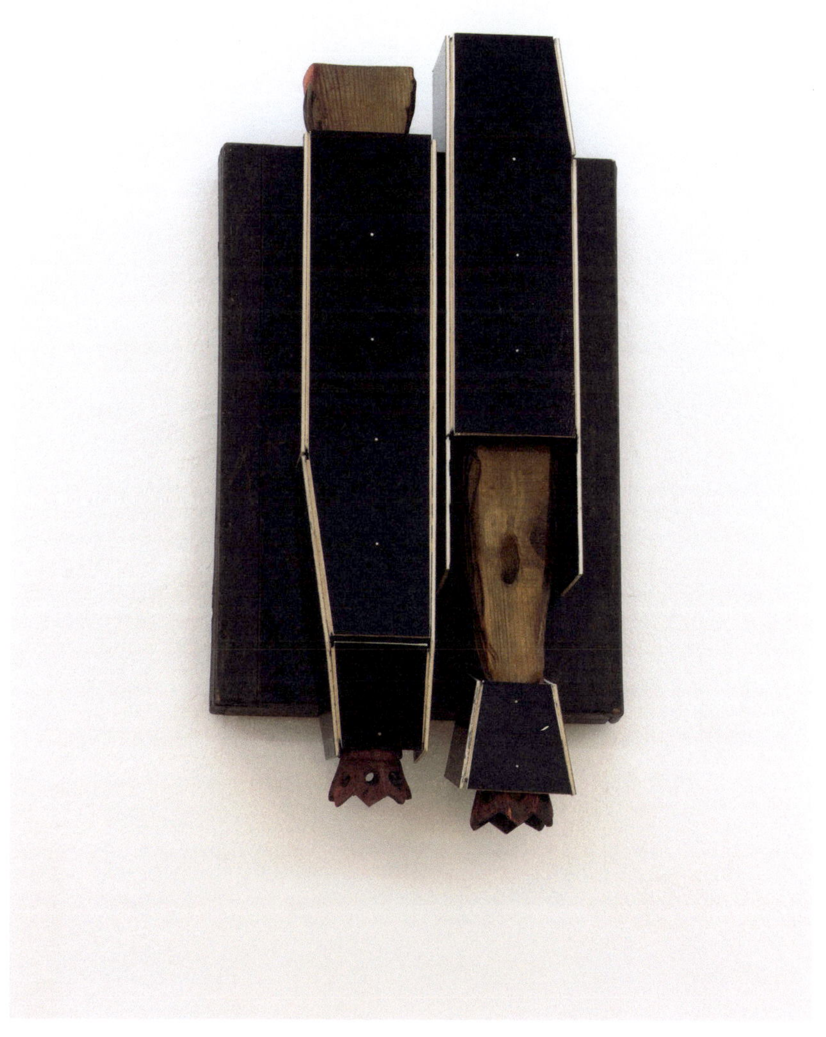

sin título
2015
253 x 18 x 6 cm
madera, grapas y lino
wood, staples, and linen
colección enrique tejerizo

dos de pino
2015
65,5 x 33 x 13,5 cm
madera, acrílico, clavos
y cera
wood, acrylic, nails, and wax
cortesía isabel hurley

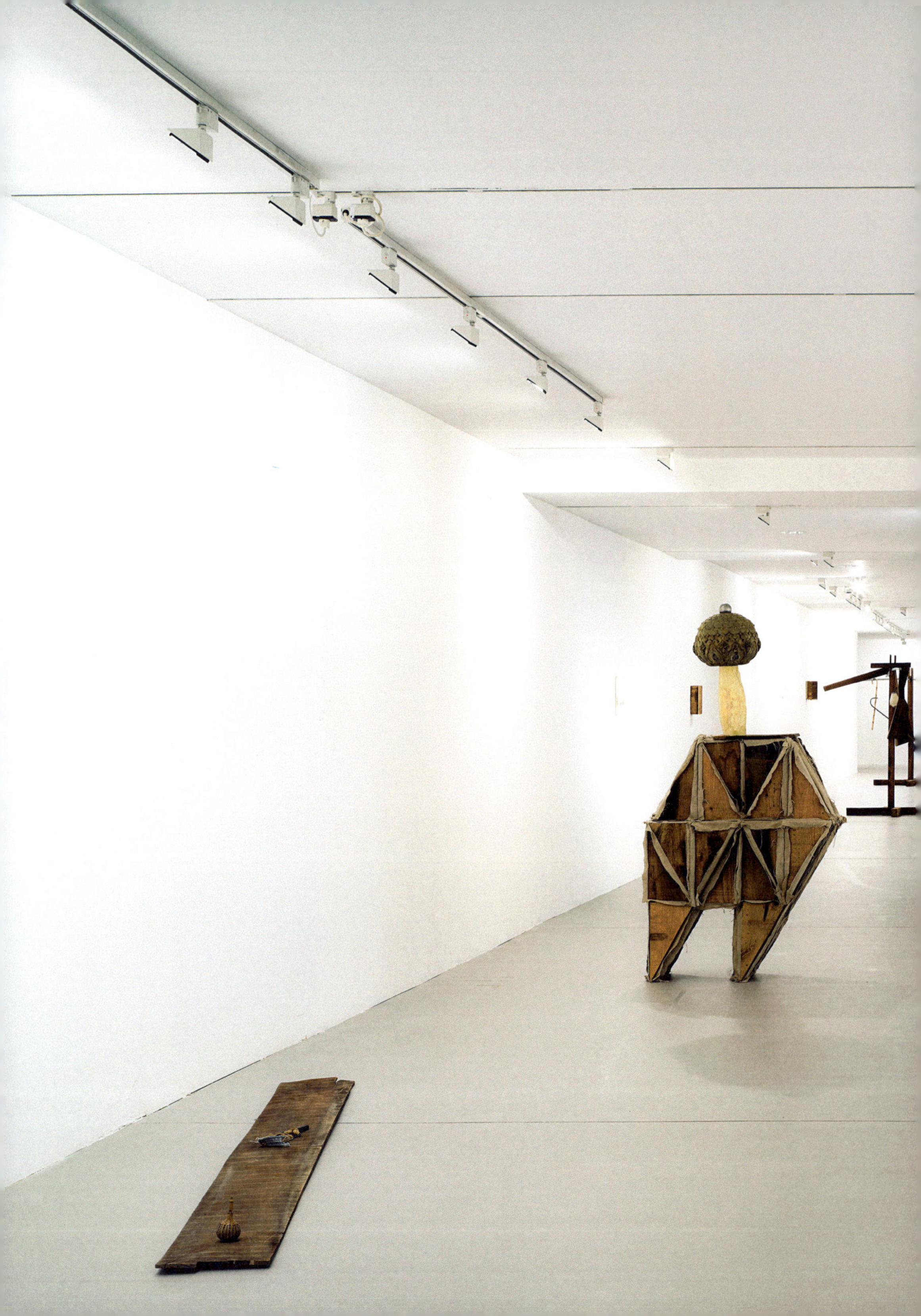

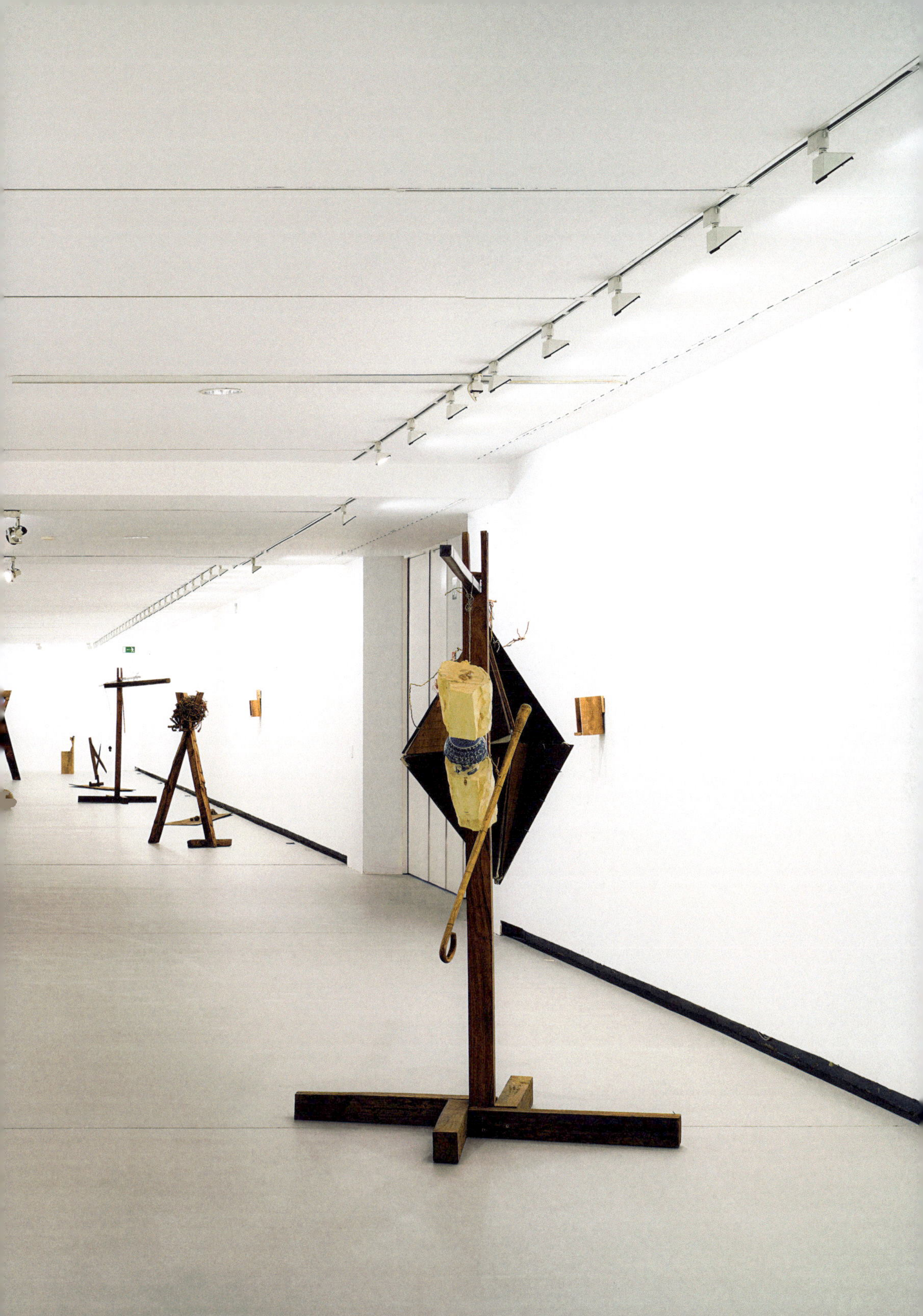

constelación 25
2018
39 x 10,5 cm
carboncillo sobre lino y pan
de oro sobre madera
charcoal on linen and gold
leaf of wood
colección del artista
artist's collection

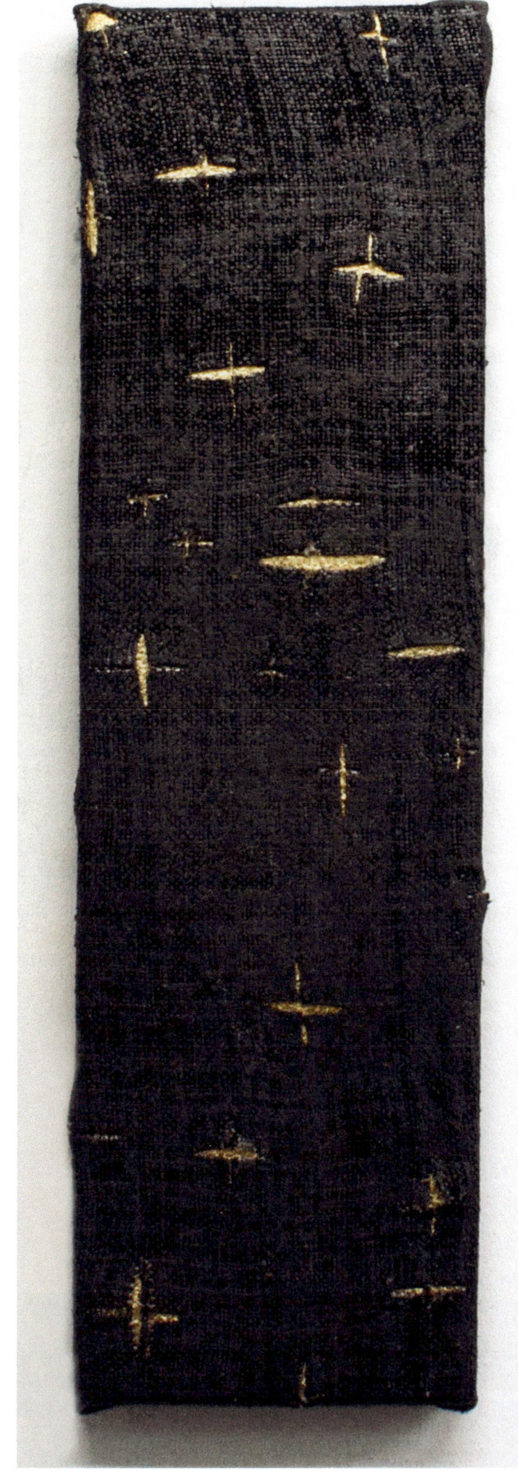

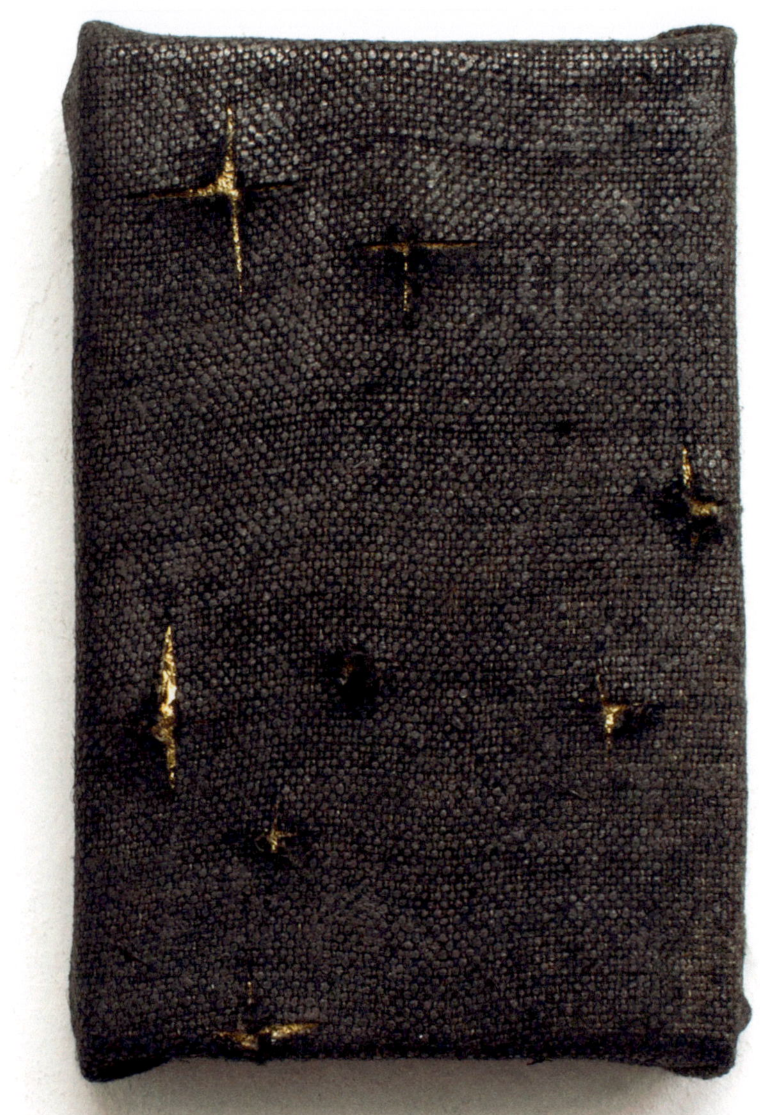

constelación 23
2018
17,5 x 11 cm
tinta china, grafito y pan
de oro sobre lino
chinese ink, graphite, and
gold leaf on linen
colección del artista
artist's collection

constelación 20
2018
22,5 x 9,5 cm
barra de óleo, polvo de latón
dulce, polvo de latón duro,
polvo de cobre y polvo de
aluminio sobre lino y pan
de oro sobre madera
oil rod, soft brass dust, hard
brass dust, copper dust, and
aluminum dust on linen
and gold leaf on wood
colección del artista
artist's collection

constelación 18
2018
26,5 x 10 cm
barra de óleo, polvo de latón
dulce, polvo de latón duro,
polvo de cobre y polvo de
aluminio sobre lino y pan
de oro sobre madera
oil rod, soft brass dust, hard
brass dust, copper dust, and
aluminum dust on linen
and gold leaf on wood
colección particular, zurich
private collection, zurich

constelación 9
2017
24 x 12,5 cm
barra de óleo, polvo de latón
dulce, polvo de latón duro,
polvo de cobre y polvo de
aluminio sobre lino y pan
de oro sobre madera
*oil rod, soft brass dust, hard
brass dust, copper dust, and
aluminum dust on linen
and gold leaf on wood*
colección particular, zurich
private collection, zurich

constelación 13
2017
16 x 10 cm
barra de óleo, polvo de latón
dulce, polvo de latón duro,
polvo de cobre y polvo de
aluminio sobre lino y pan
de oro sobre madera
*oil rod, soft brass dust, hard
brass dust, copper dust, and
aluminum dust on linen
and gold leaf on wood*
colección del artista
artist's collection

constelación 2
2016
30 x 20,5 cm
pan de oro sobre madera y
óleo en barra sobre lino
gold leaf on wood and oil
rod on linen
colección particular
private collection

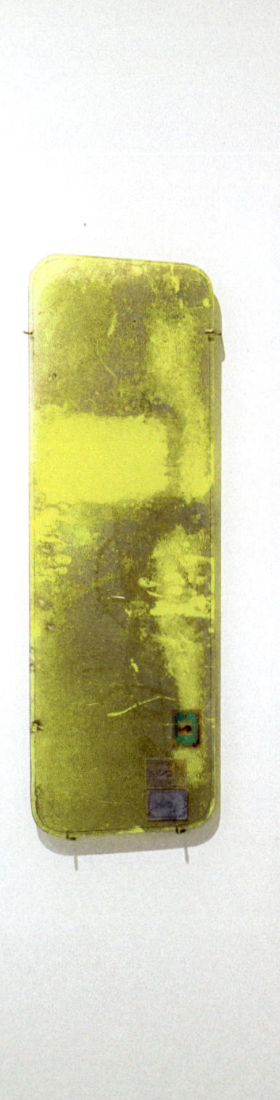

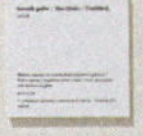

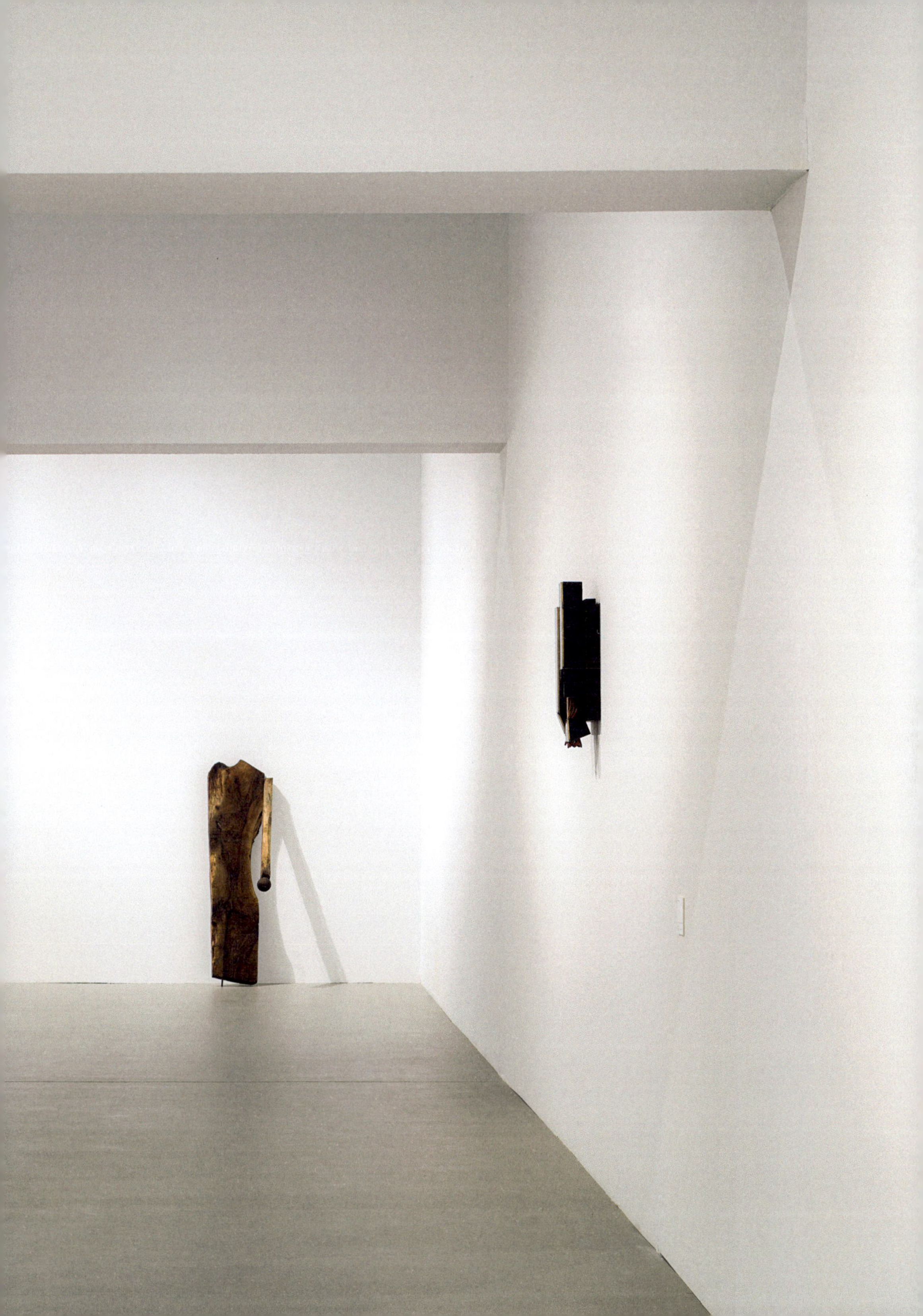

personaje
2018
172,5 x 71 x 50 cm
nogal español y hierro
spanish walnut tree and iron
colección del artista
artist's collection

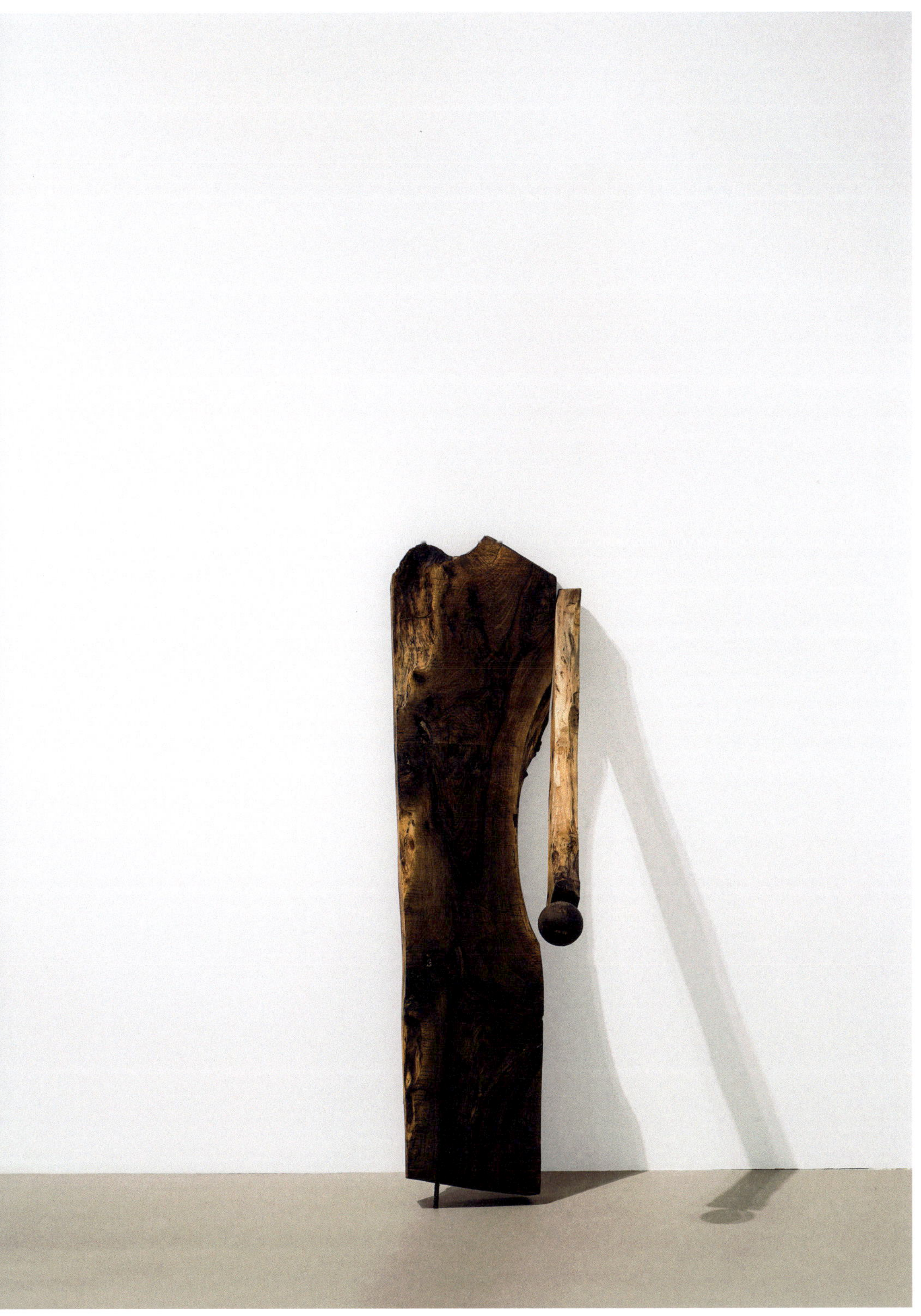

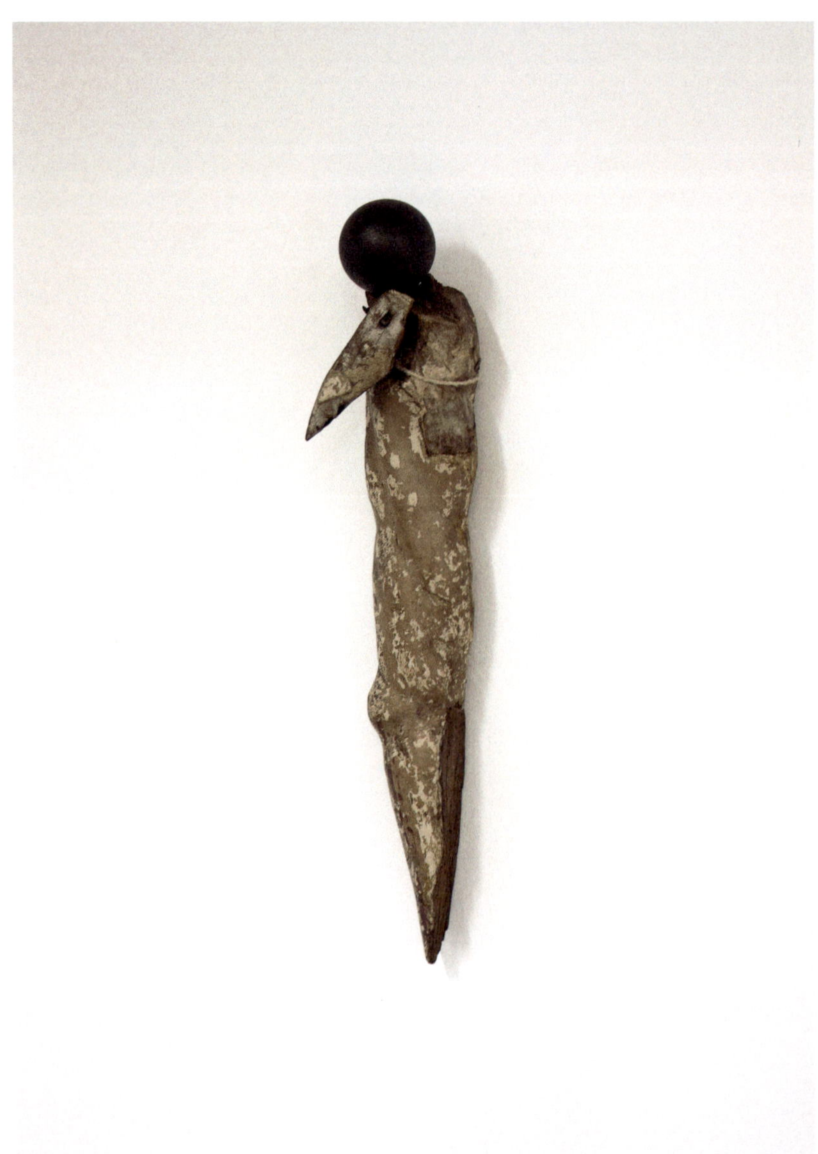

sin título

2013
79 x 20 x 16 cm
madera policromada, hierro
y cuerda
polychrome wood, iron, and
rope
colección particular, zúrich
private collection, zurich

paso

2009
310 x 120 x 205 cm
madera, cuero, cristal, papel
de aluminio, hierro, hilo
y grapas
wood, leather, glass,
aluminum foil, iron, thread,
and staples
colección del artista
artist's collection

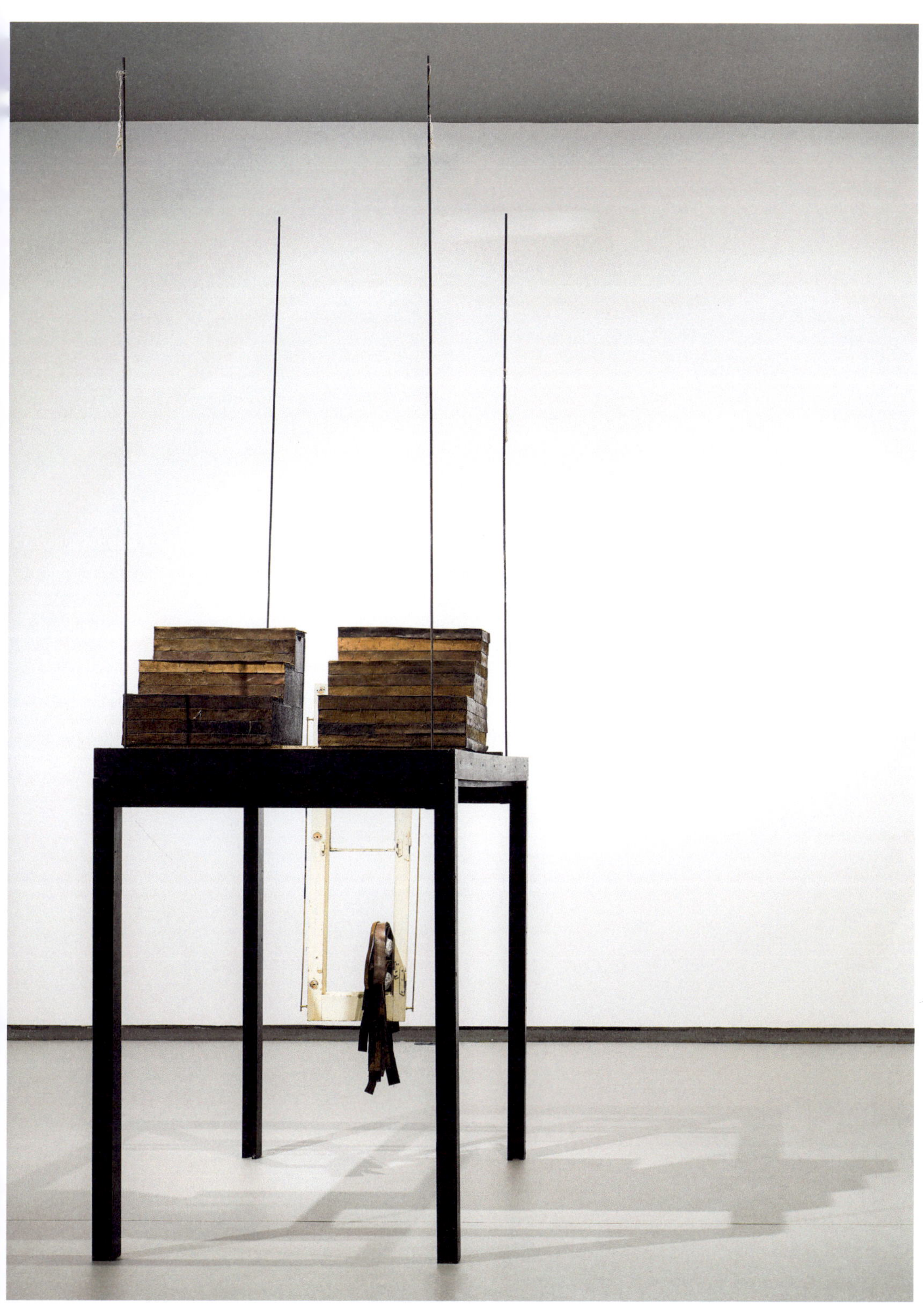

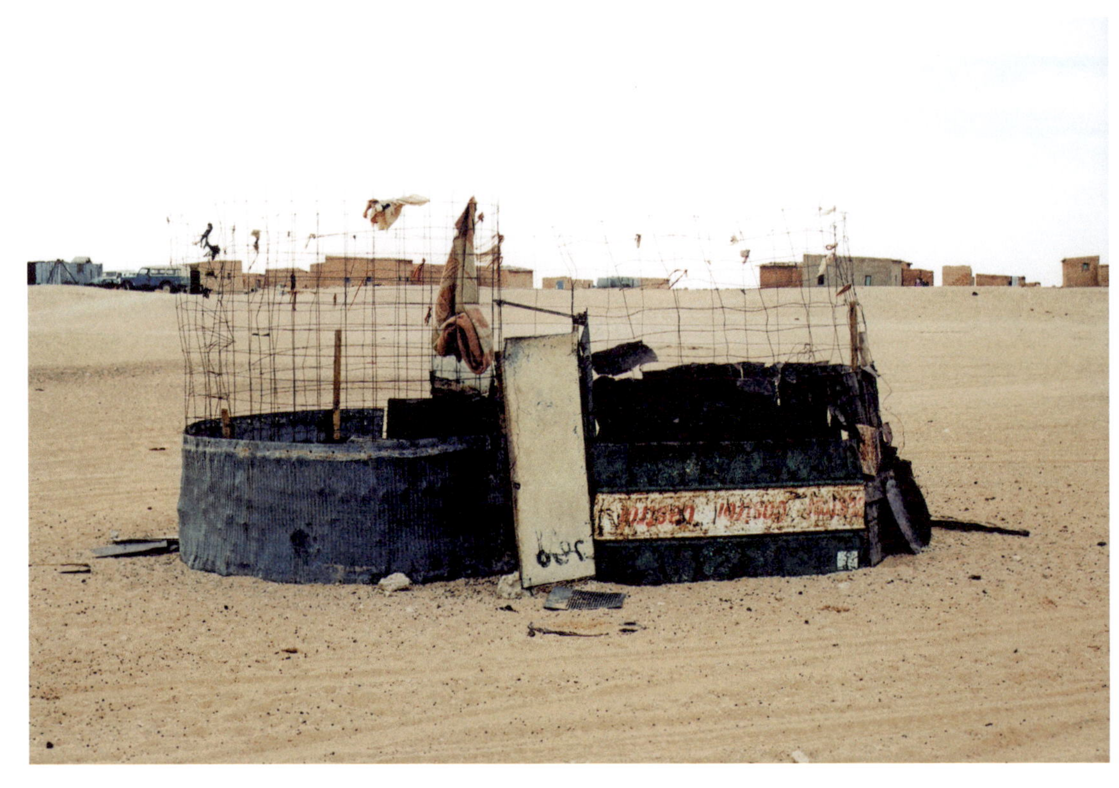

corrales 5
2004
55 x 75 cm
ed. 3 + 1 p/a
fotografía rc color
rc color photography
colección norberto dotor

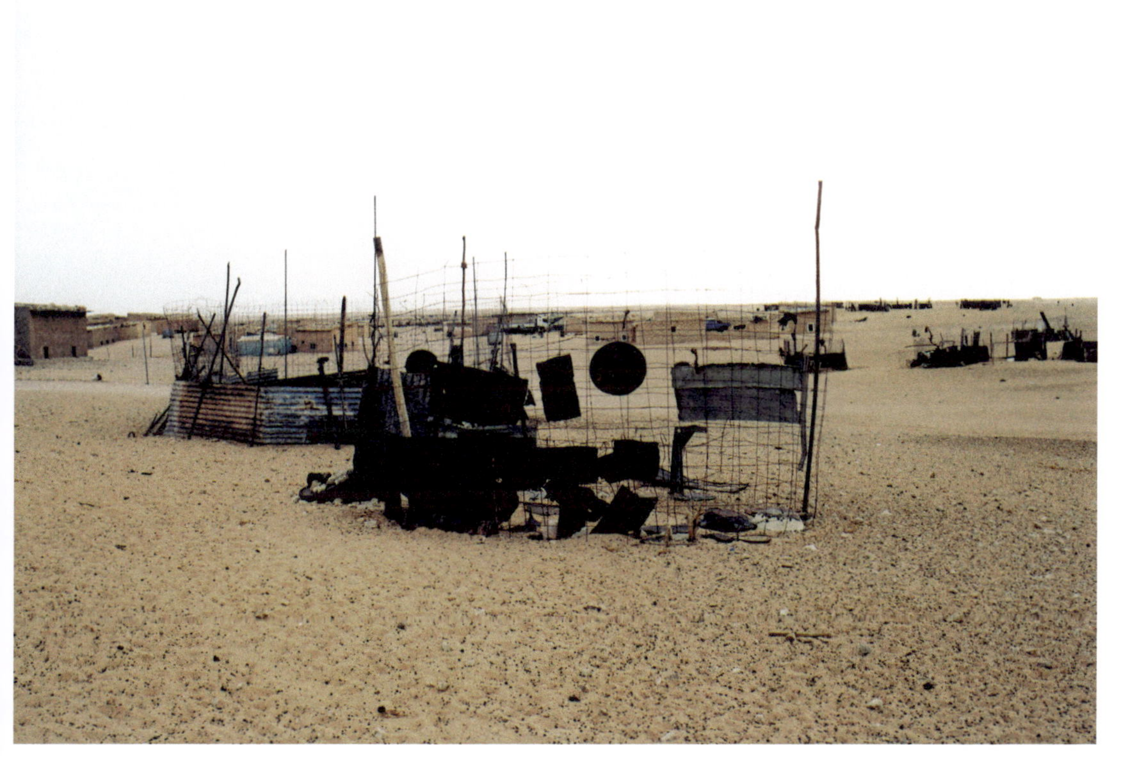

corrales 7
2004
55 x 75 cm
ed. 3 + 1 p/a
fotografía rc color
rc color photography
colección norberto dotor

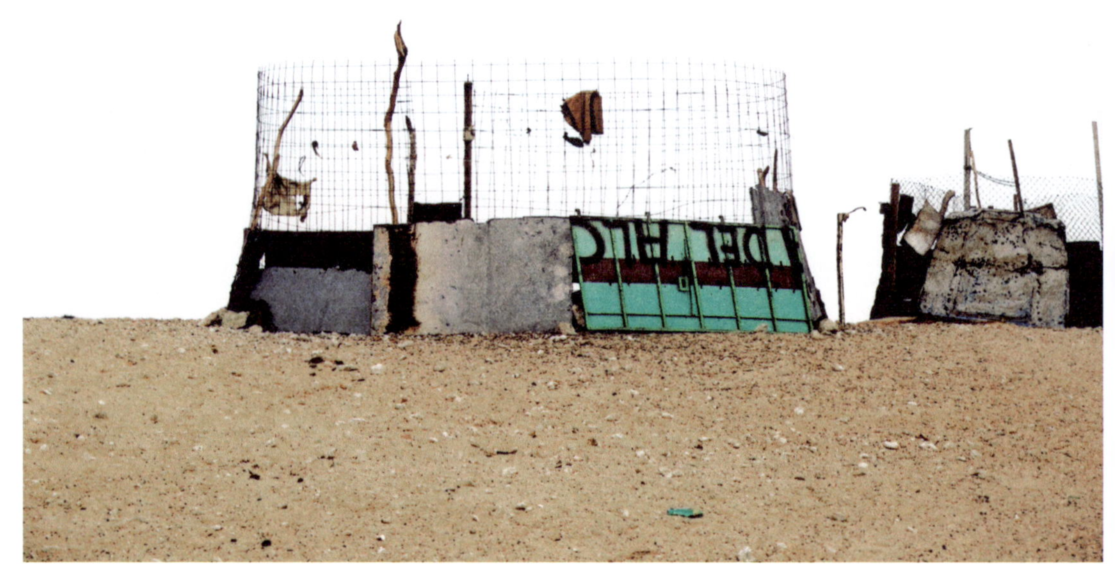

corrales 6
2004
55 x 75 cm
ed. 3 + 1 p/a
fotografía rc color
rc color photography
colección norberto dotor

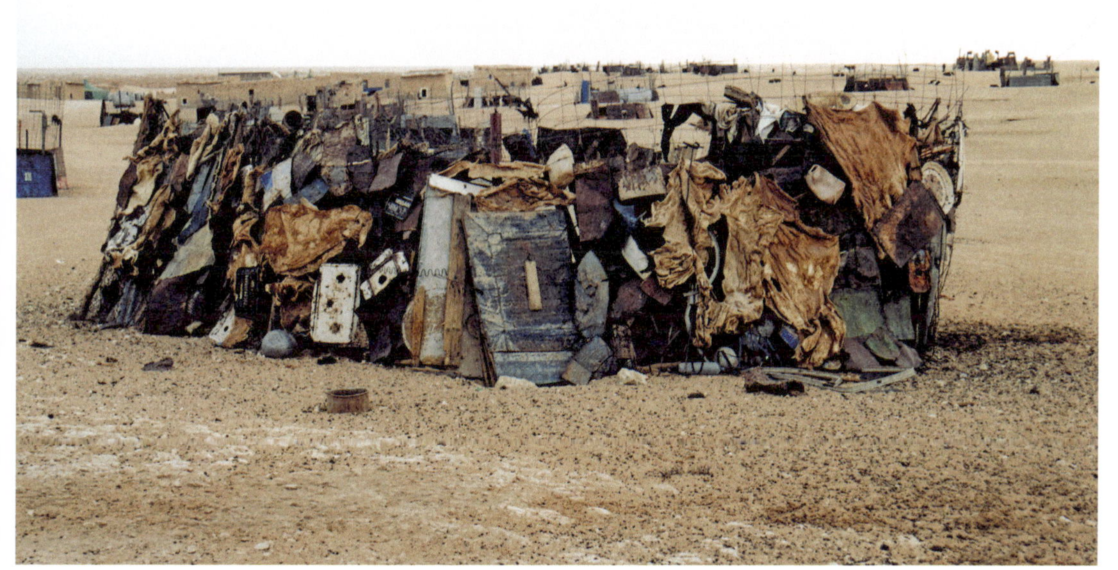

corrales 1
2004
55 x 75 cm
ed. 3 + 1 p/a
fotografía rc color
rc color photography
colección norberto dotor

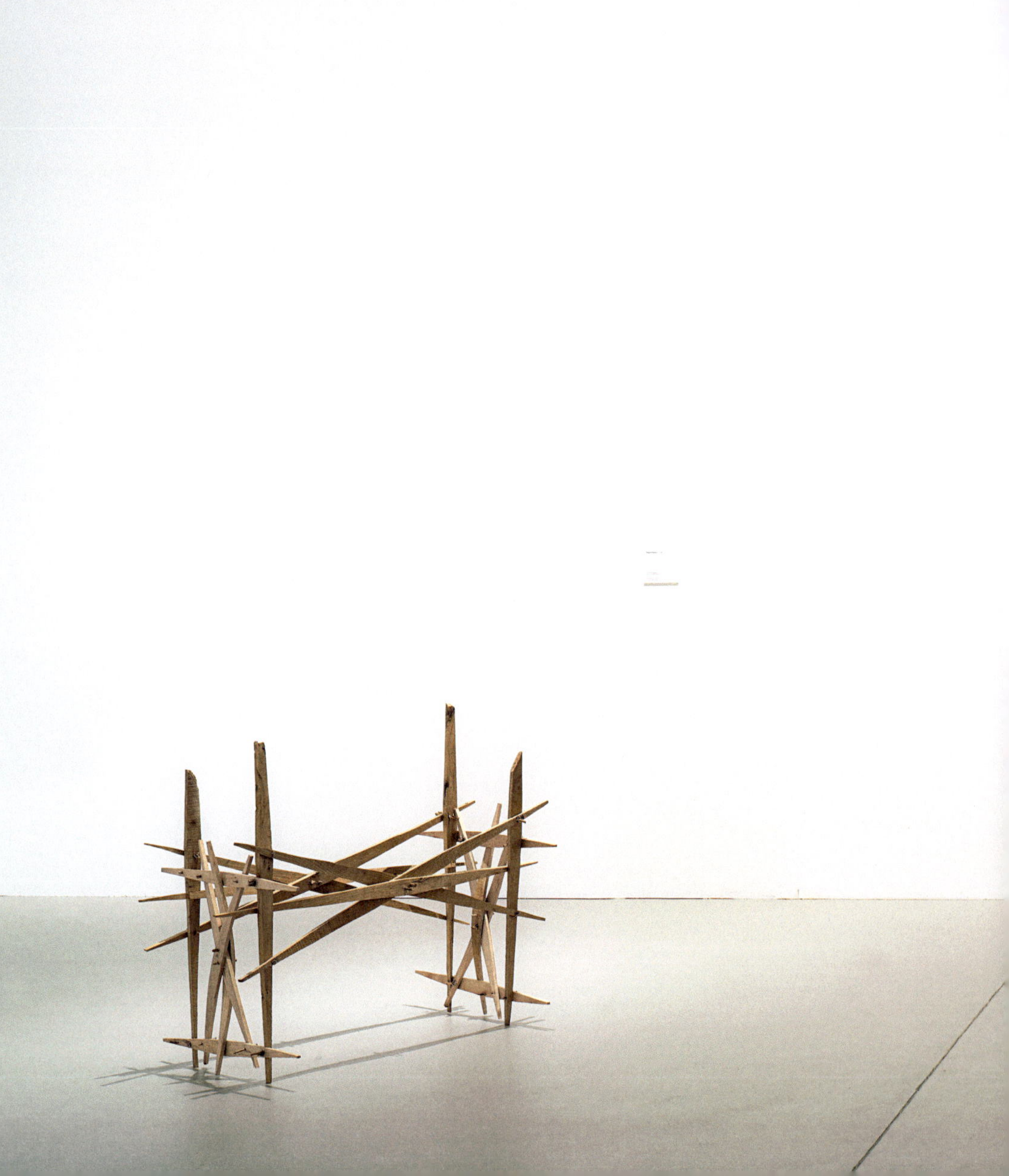

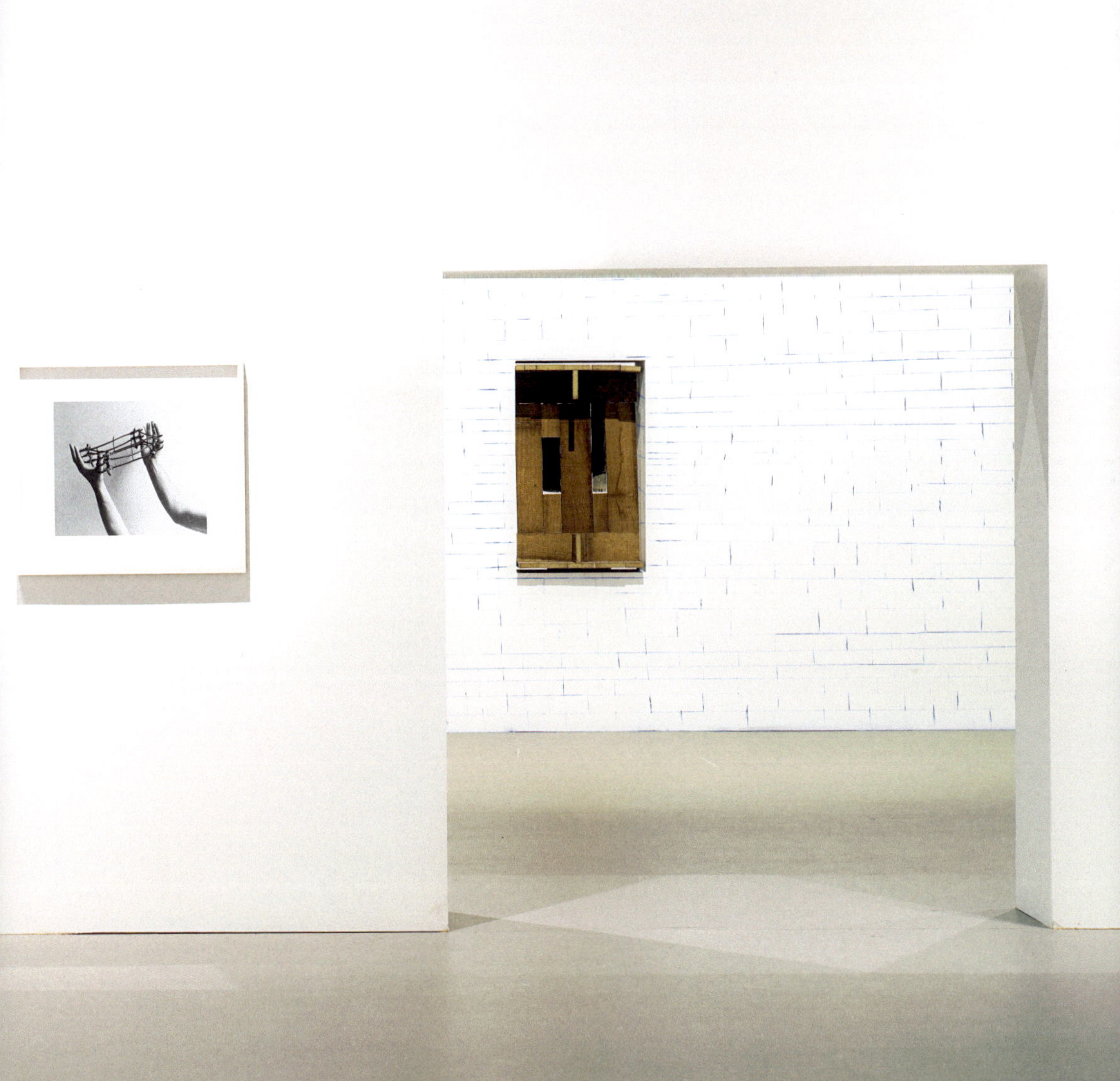

sin título
2012
58 x 10,5 x 11 cm
madera, metal y pan de oro
wood, metal, and gold leaf
colección del artista
artist's collection

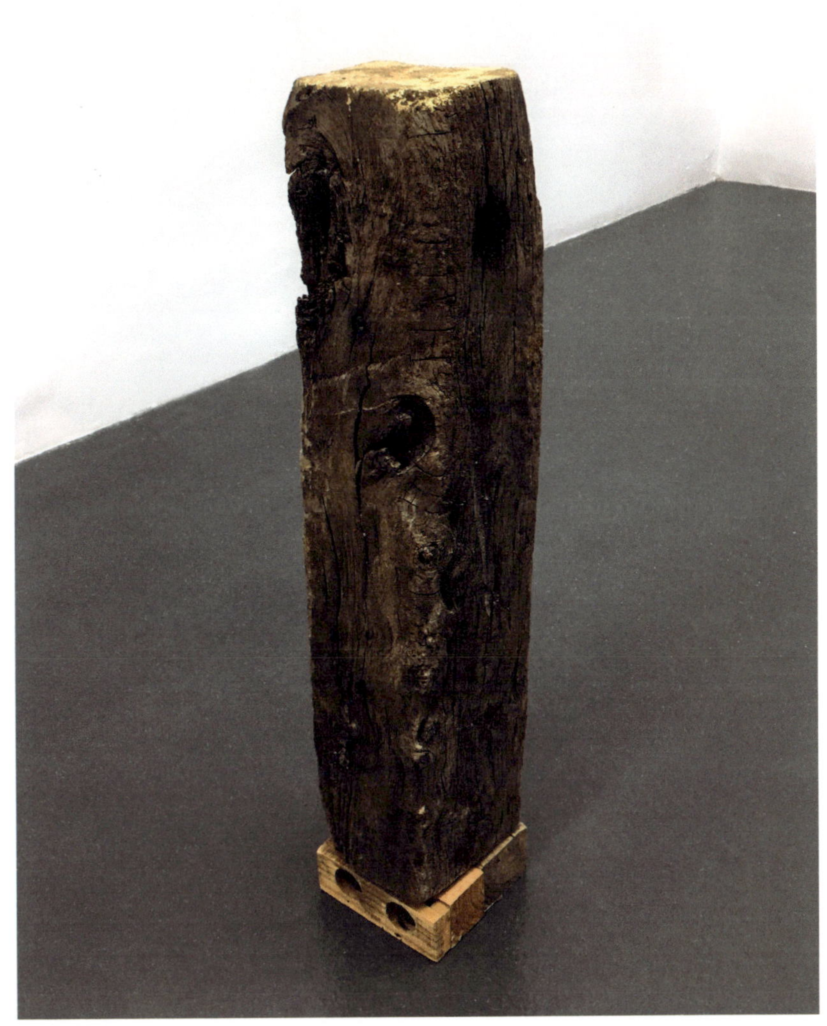

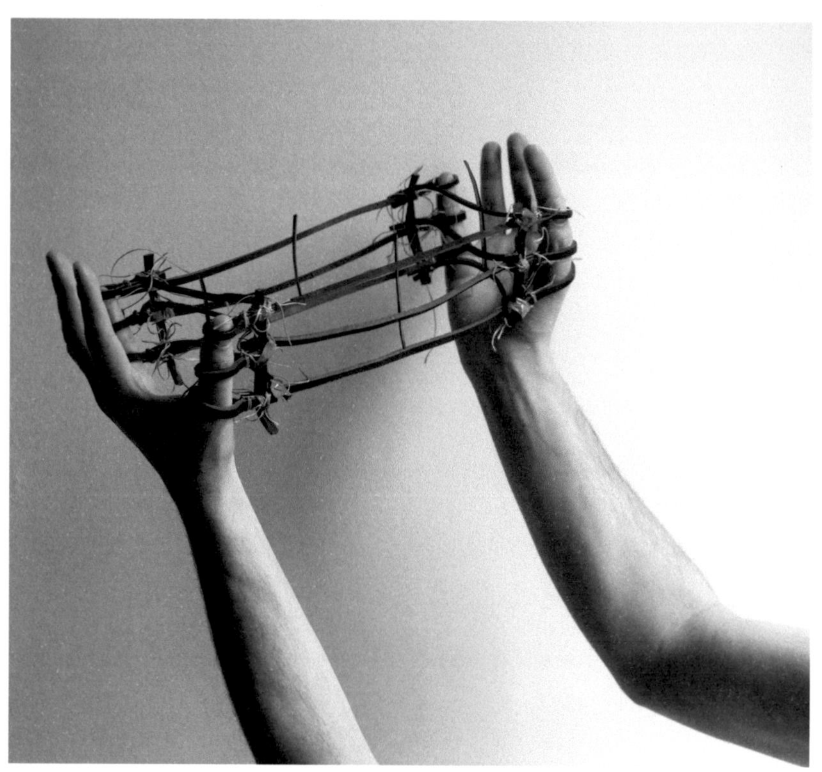

ring en manos
2009
69 x 75 cm
tinta pigmentada sobre
papel hahnemühle photo
rag 305 gr
pigmented ink on
hahnemühle photo rag
paper 305 gr
ed. 5 + 1 ap
colección peluso-itb

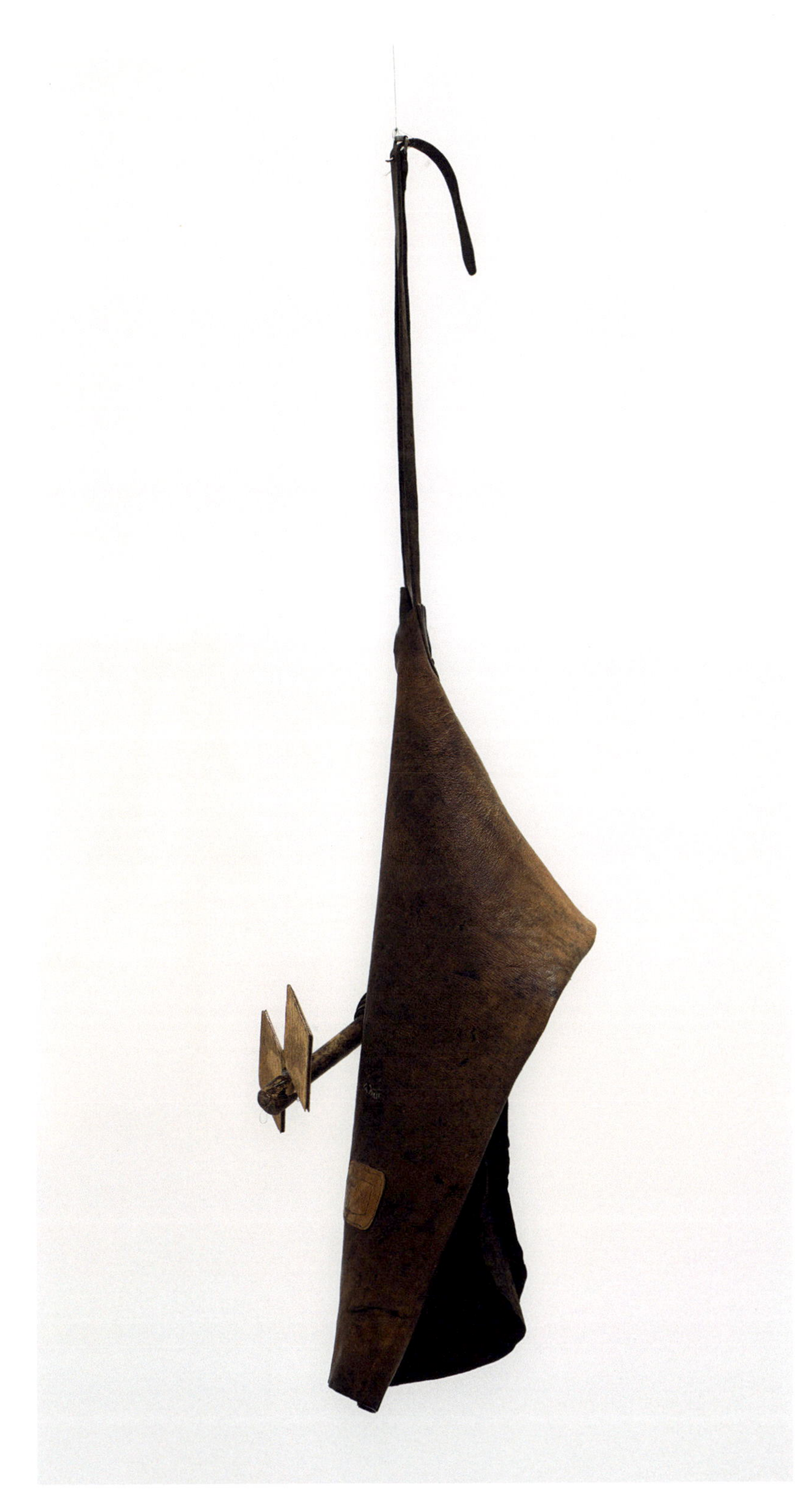

¡otros dos!
2009
dimensiones variables
variable dimensions
cuero, madera y alambre
leather, wood, and wire
colección del artista
artist's collection

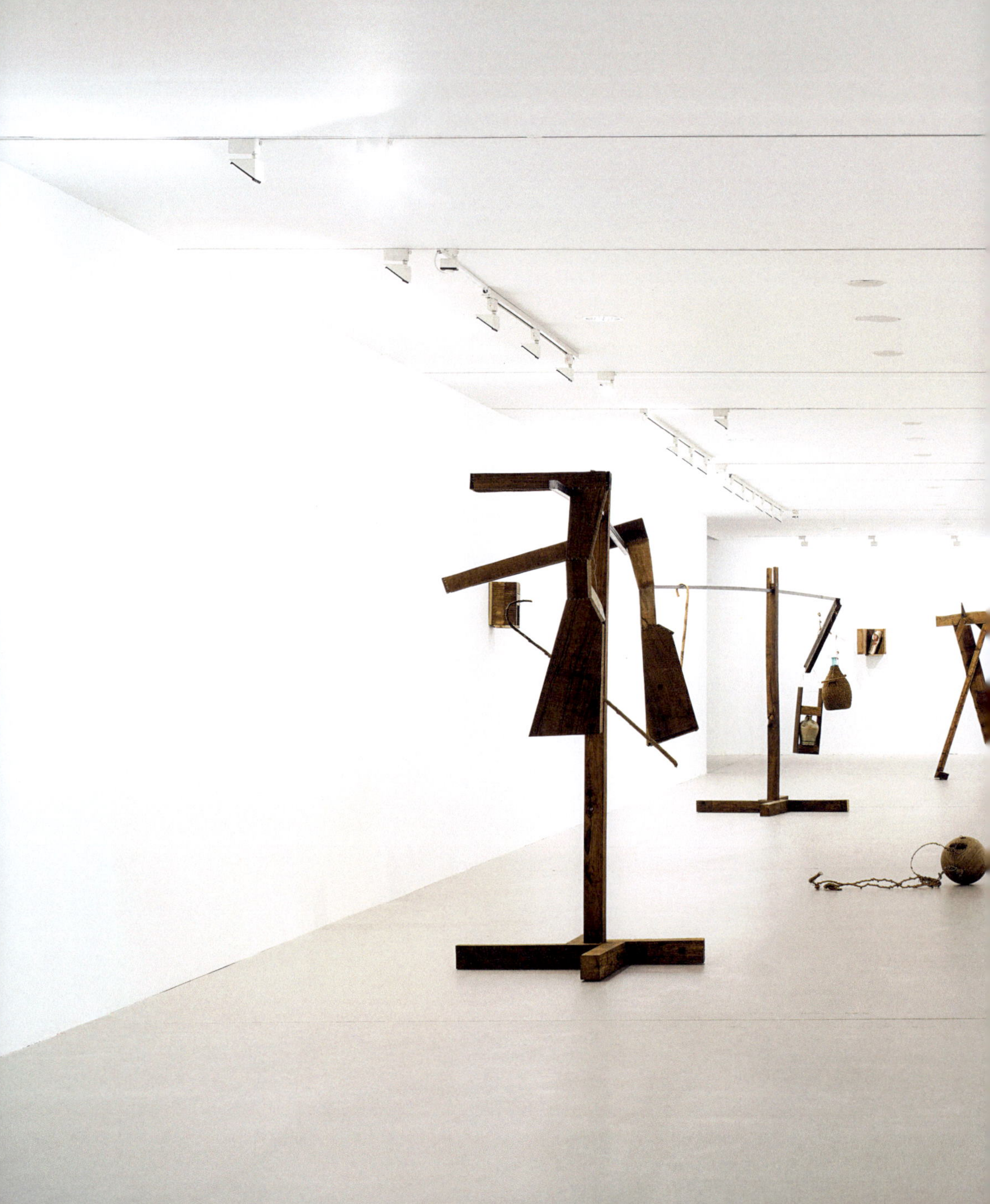

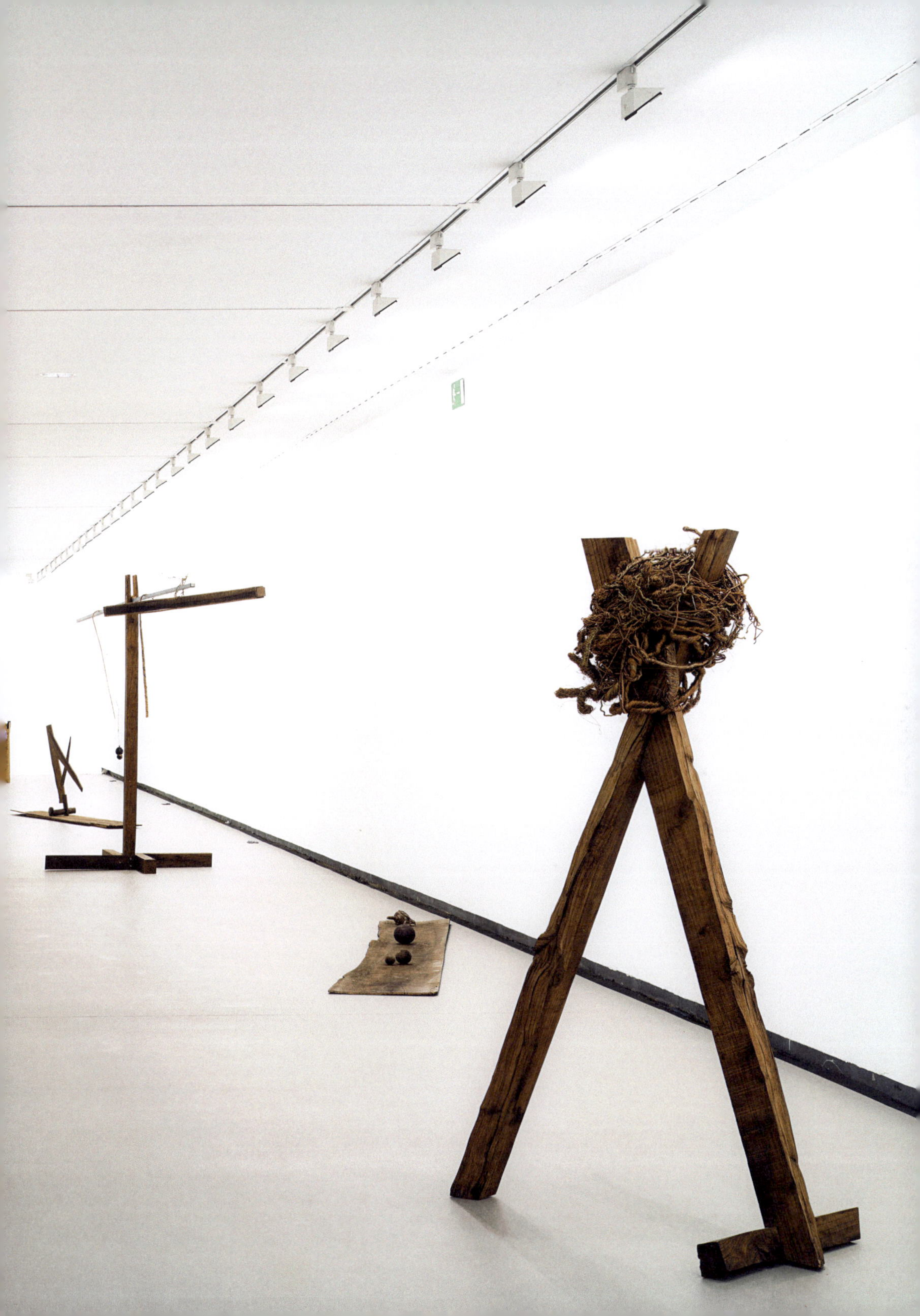

personaje
2017
176 x 112 x 68 cm
acacia, aceite, latón dulce,
latón duro, cobre y alpaca
acacia, oil, hard brass, soft
brass, copper, and alpaca
colección particular, madrid
private collection, madrid

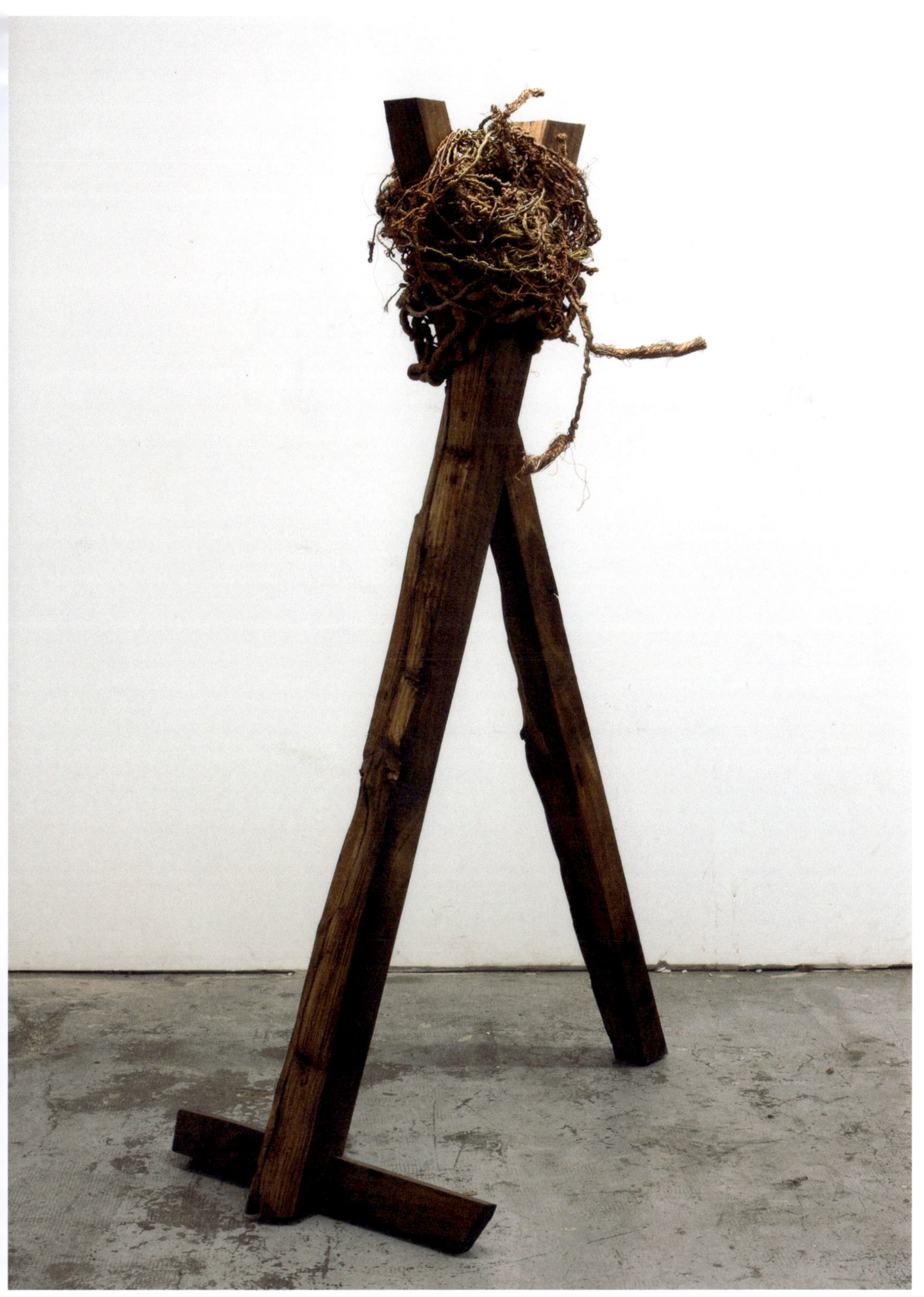

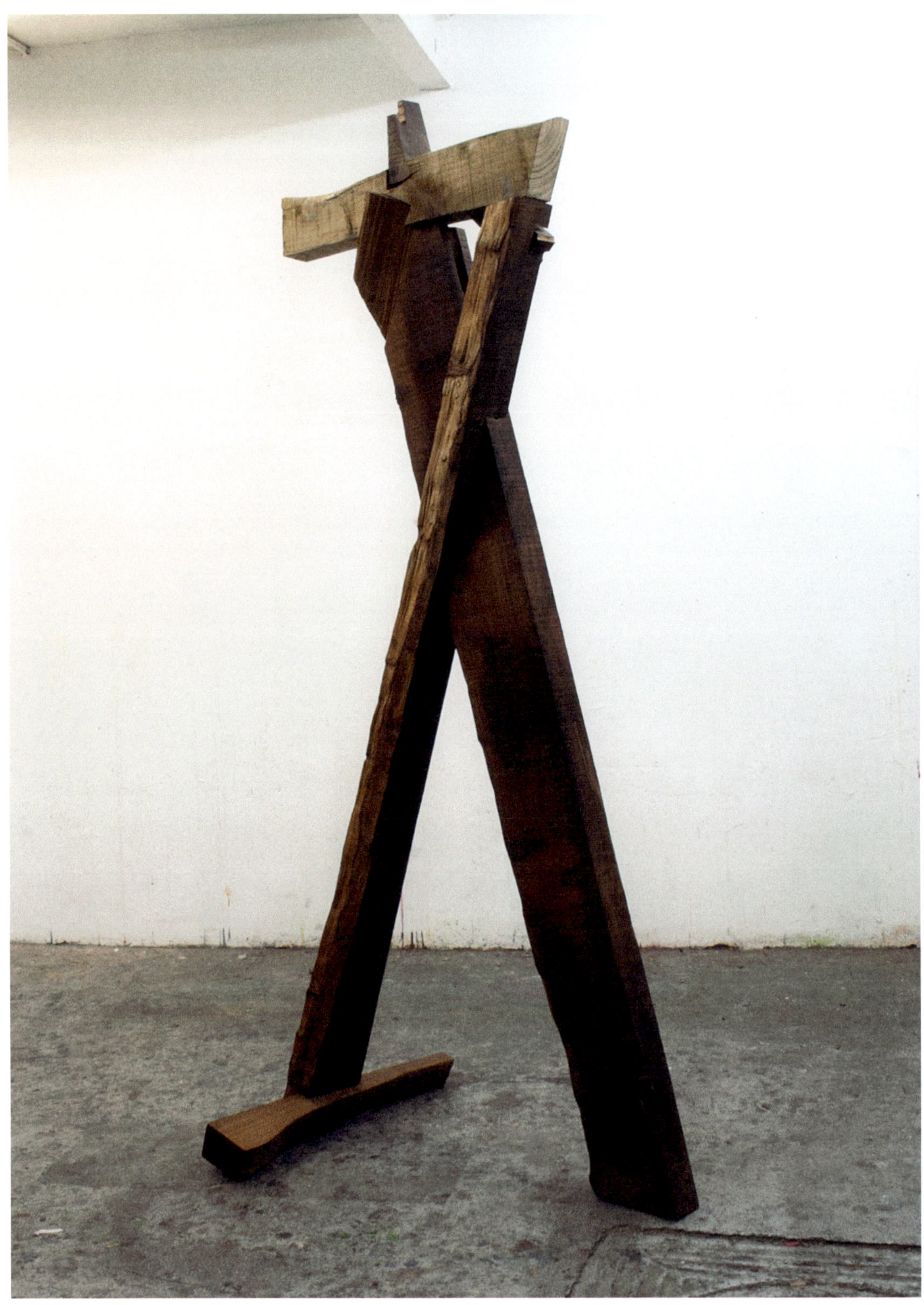

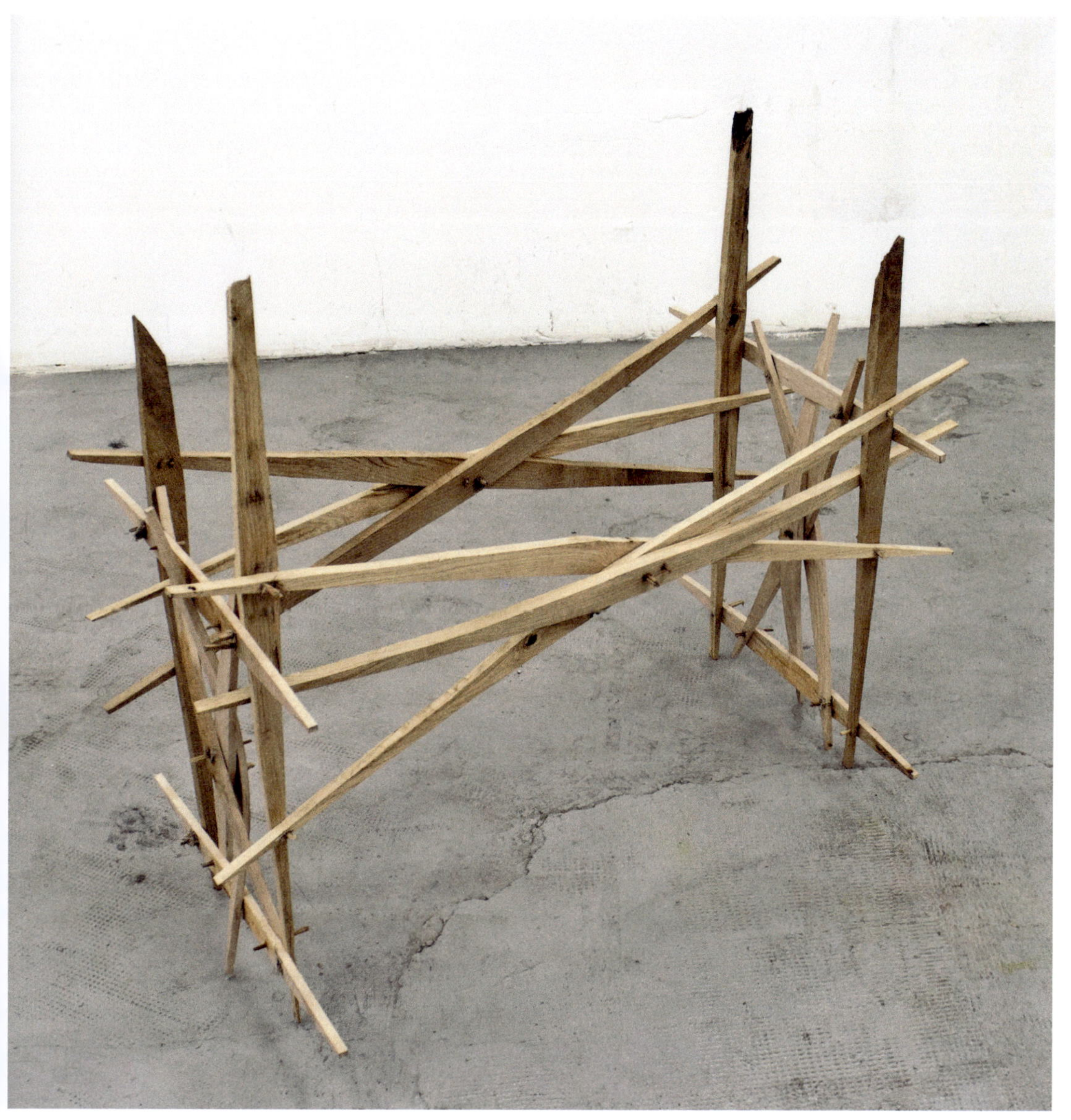

personaje
2017
207 x 88 x 65 cm
acacia y aceite
acacia and oil
cuero, madera y alambre
leather, wood, and wire
colección del artista
artist's collection

sin título
2014
96 x 121 x 66 cm
madera
wood
mai 36 galerie, zurich

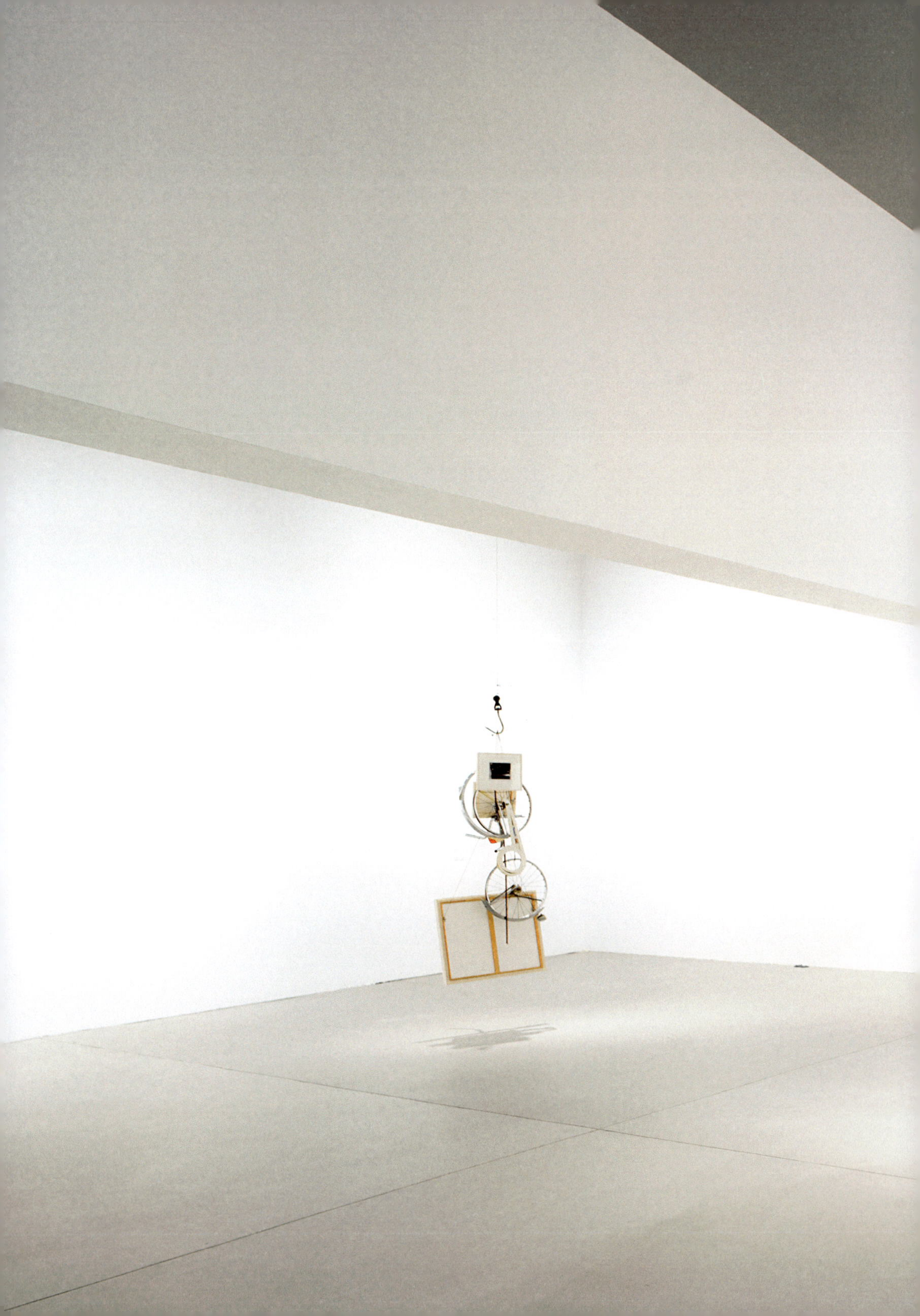

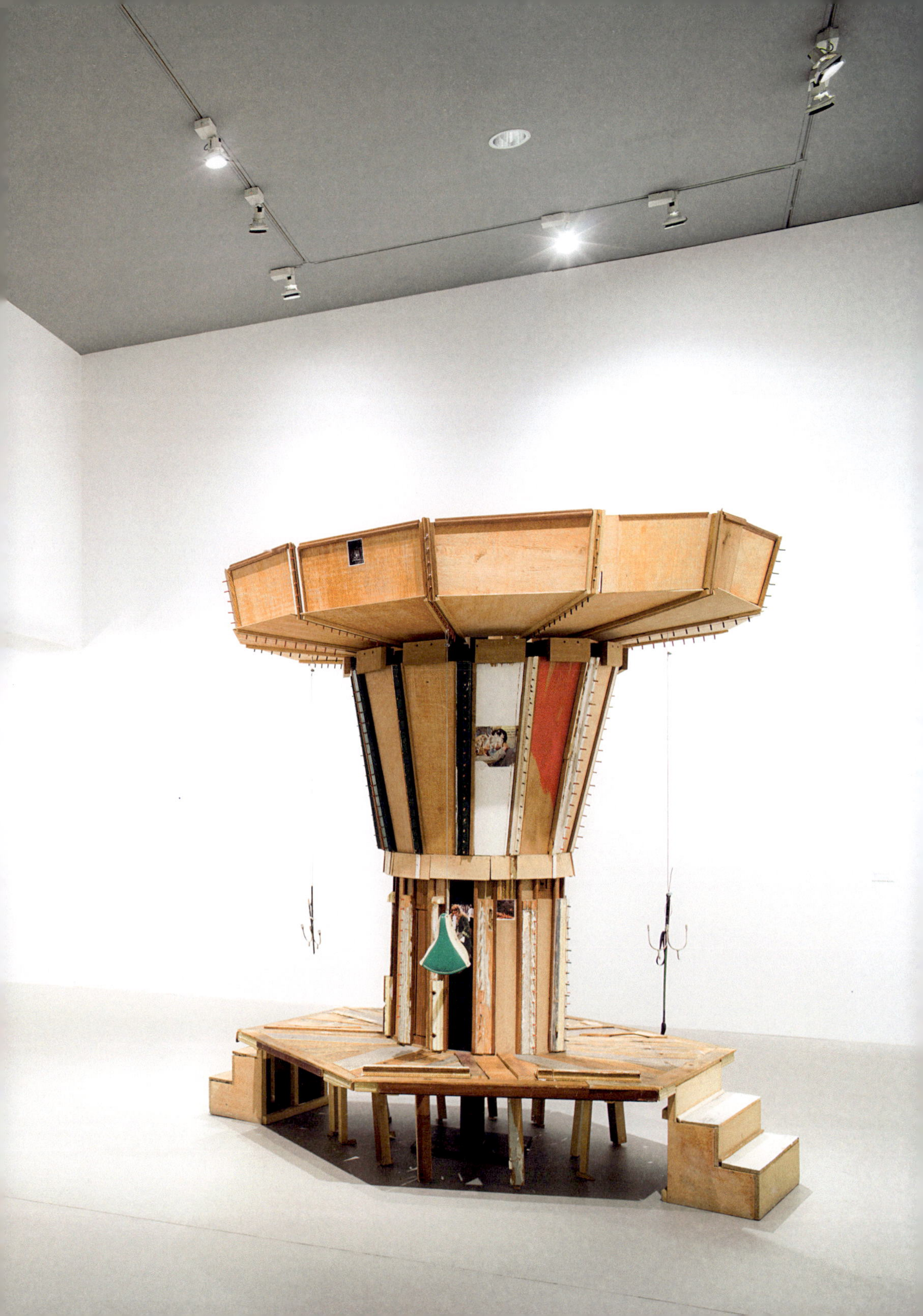

casa
2004-2005
274 x 281 x 300 cm
ensamblaje de madera,
metal, fotografía, carteleras,
cuero, plástico, acrílico
y clavos
assembly, wood, metal,
photography, billboards,
leather, plastic, acrylic,
and nails
colección ca2m centro de
arte dos de mayo, madrid

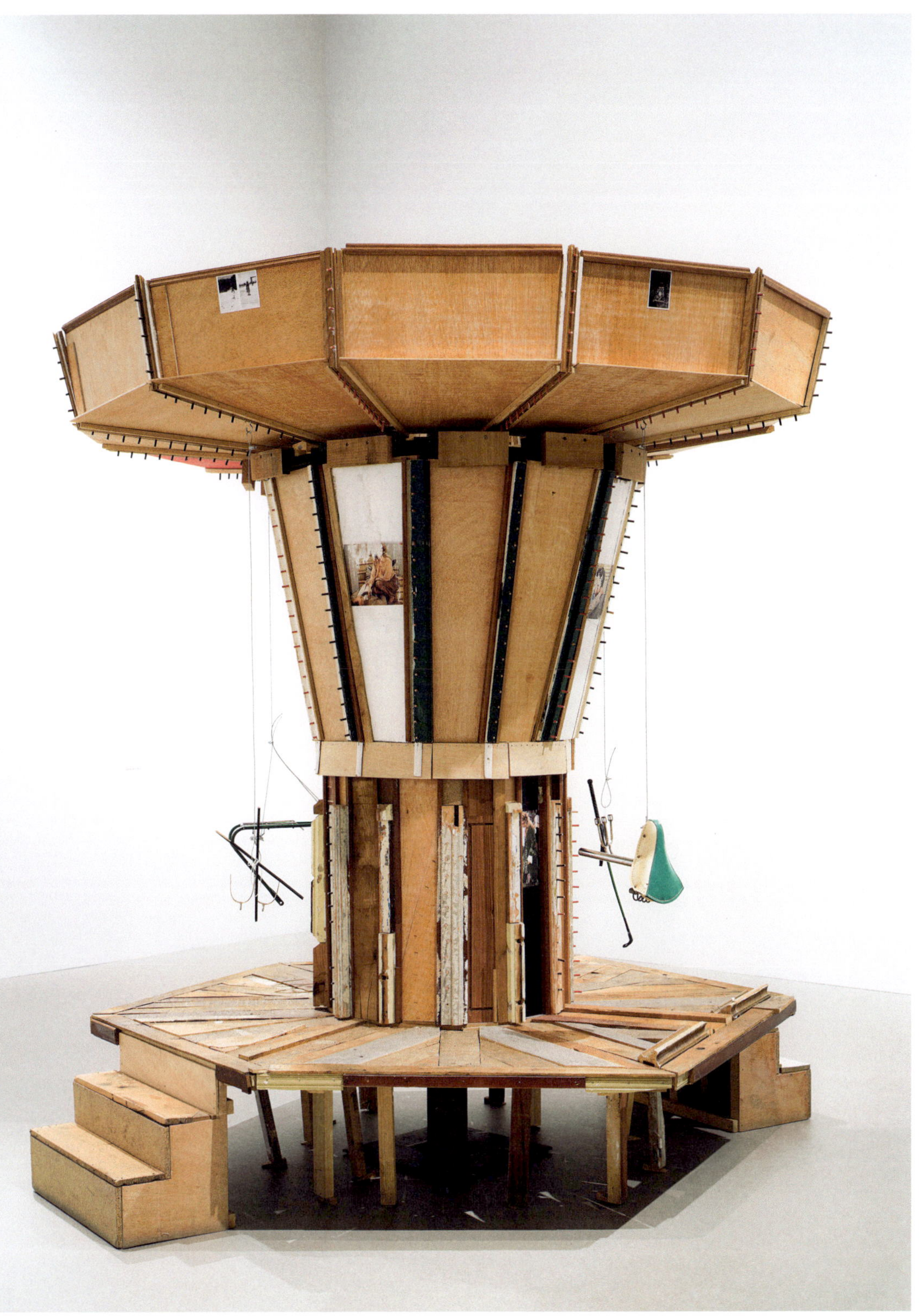

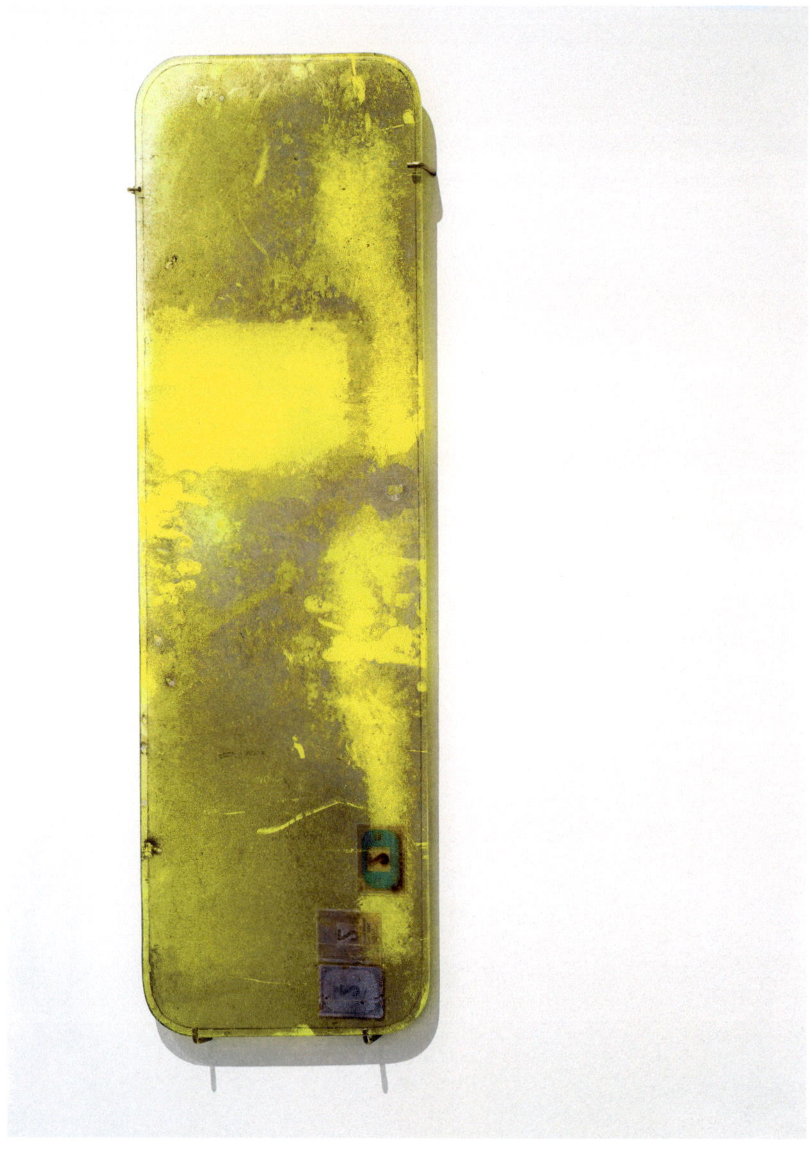

sin título
2016
99,3 x 31,5 cm
polvo, spray y pegatinas
sobre cristal
dust, spray, and stickers
on glass
f2 galería, madrid

sin título
2016
160 x 70 x 10 cm
roble y aluminio
oak and aluminum
colección particular, madrid
private collection, madrid

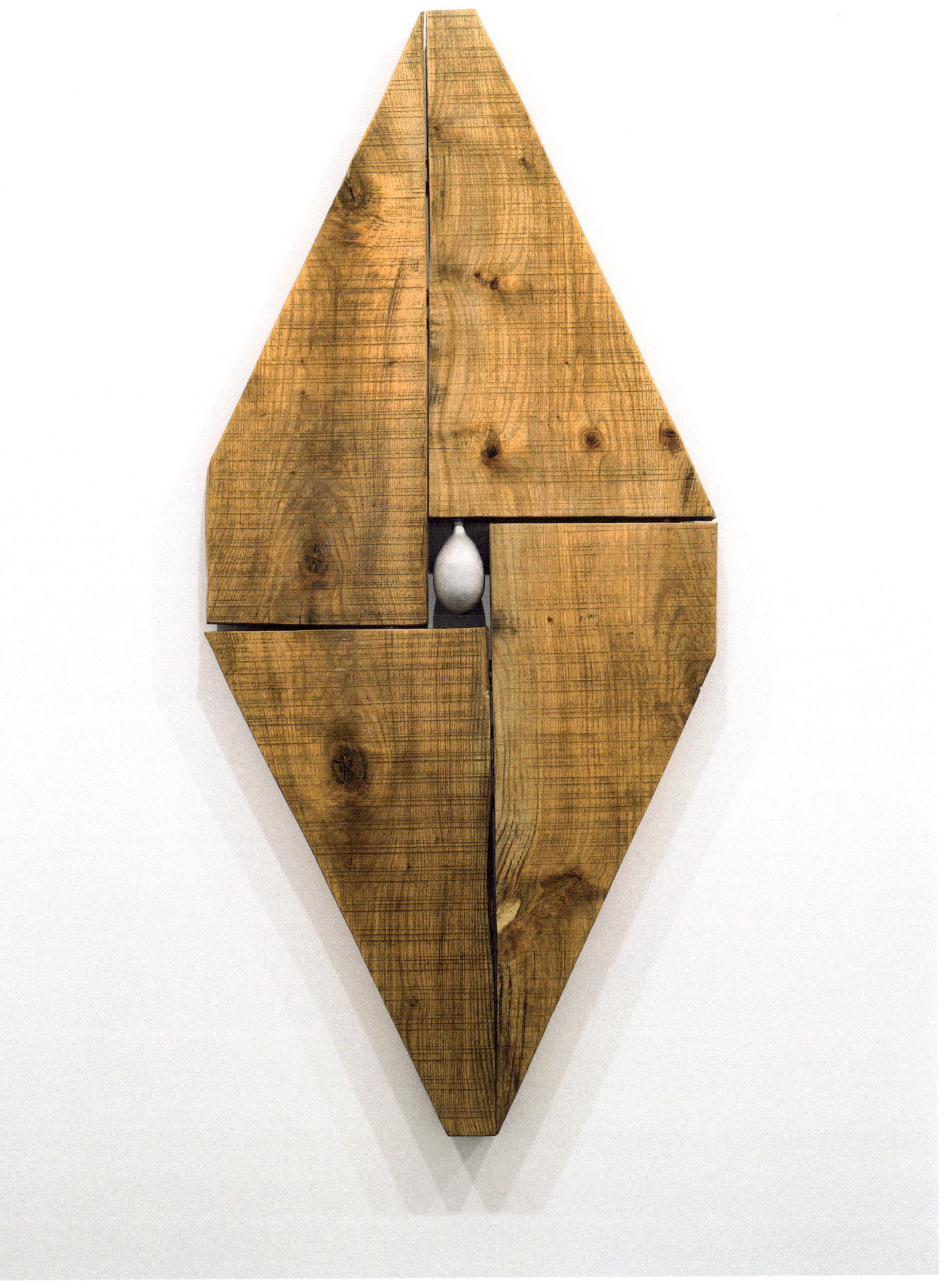

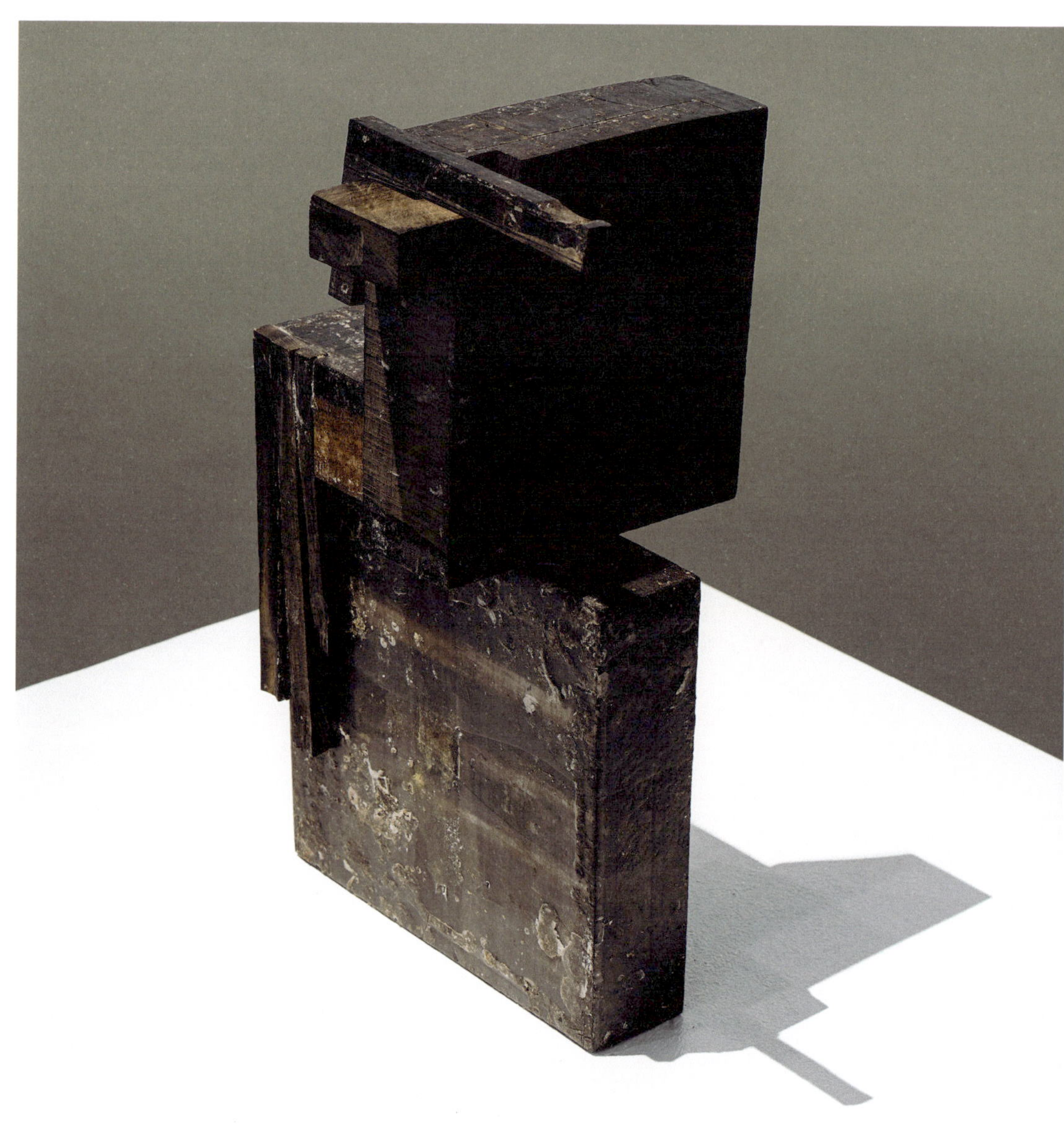

sin título
2018
35,5 x 18 x 21 cm
ébano y cera
ebony and wax
colección del artista
artist's collection

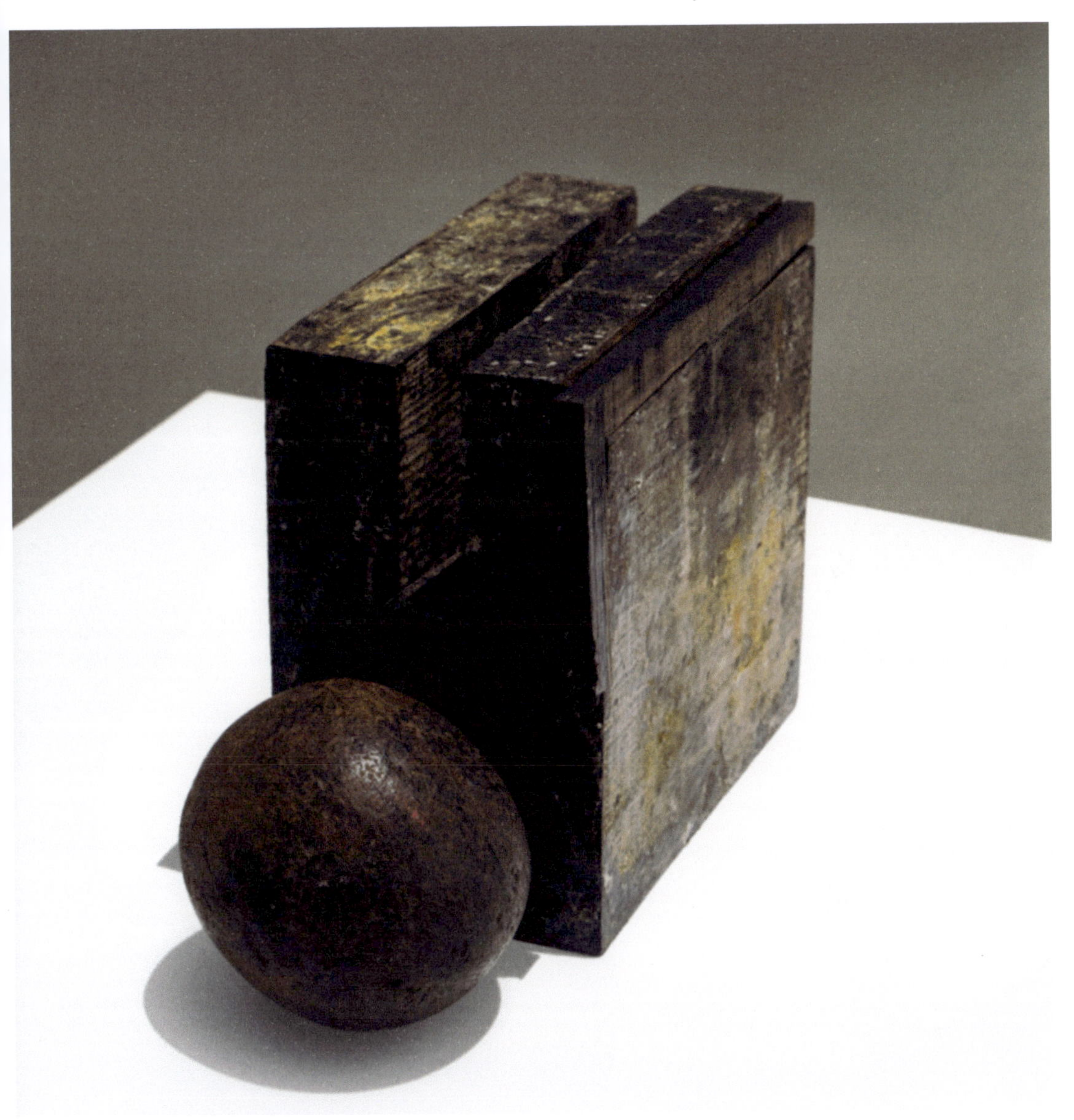

sin título
2018
21 x 30 x 12,5 cm
ébano y cera
ebony and wax
colección del artista
artist's collection

sin título
2017
224 x 220 x 31 cm
acacia, ébano, aceite, cera,
cobre y aluminio
acacia, ebony, oil, wax,
copper, and aluminum
fundación botín, santander

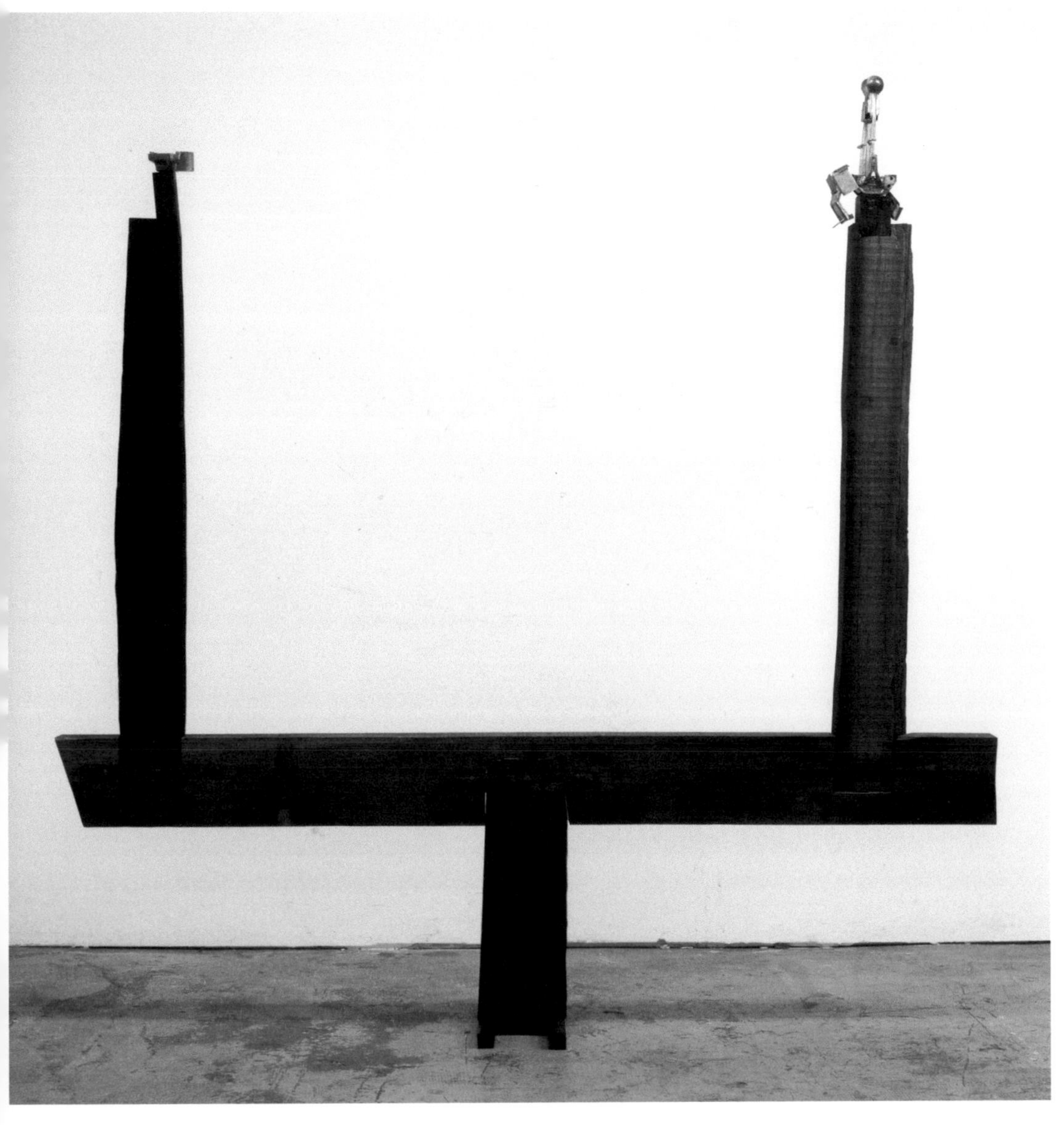

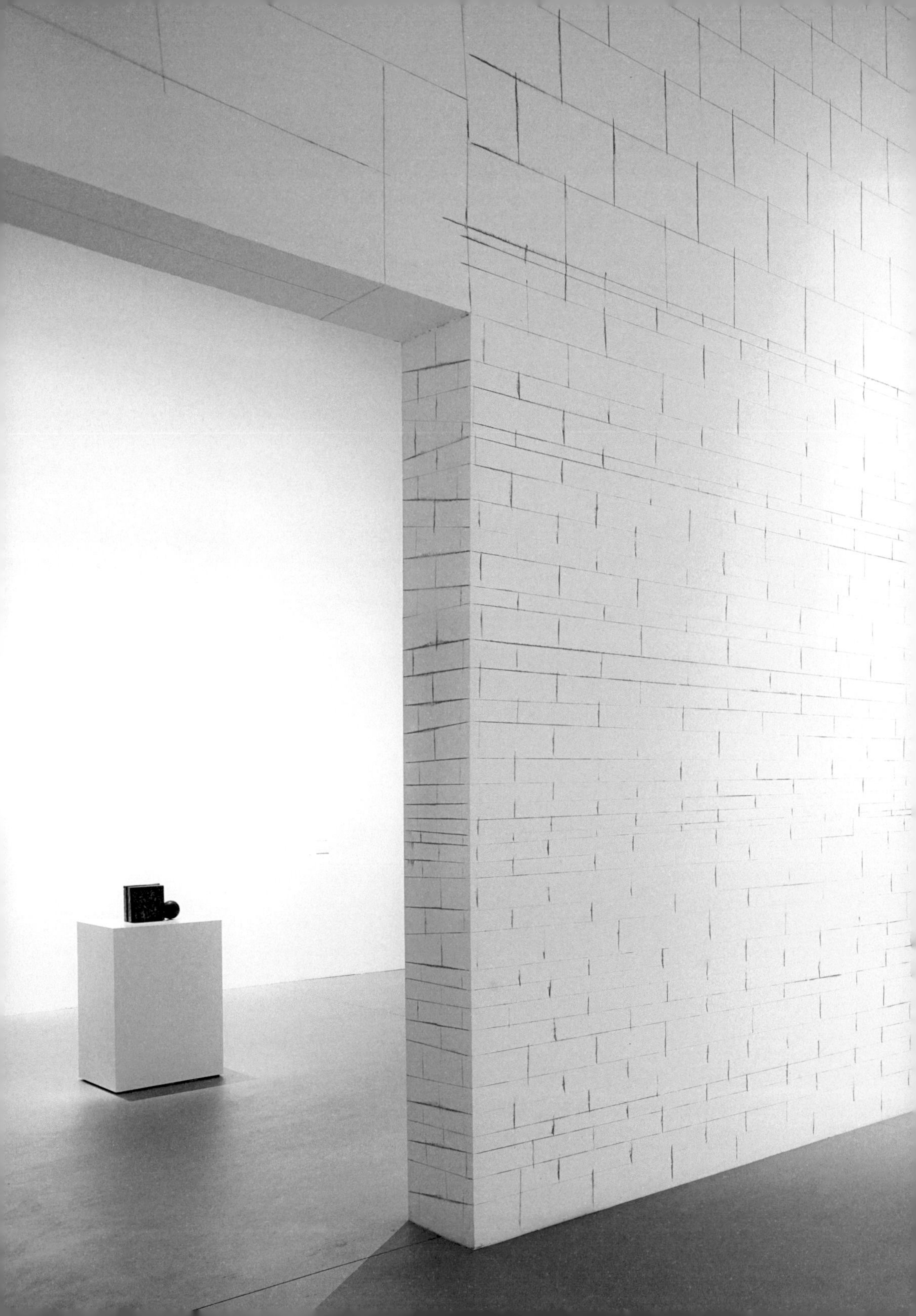

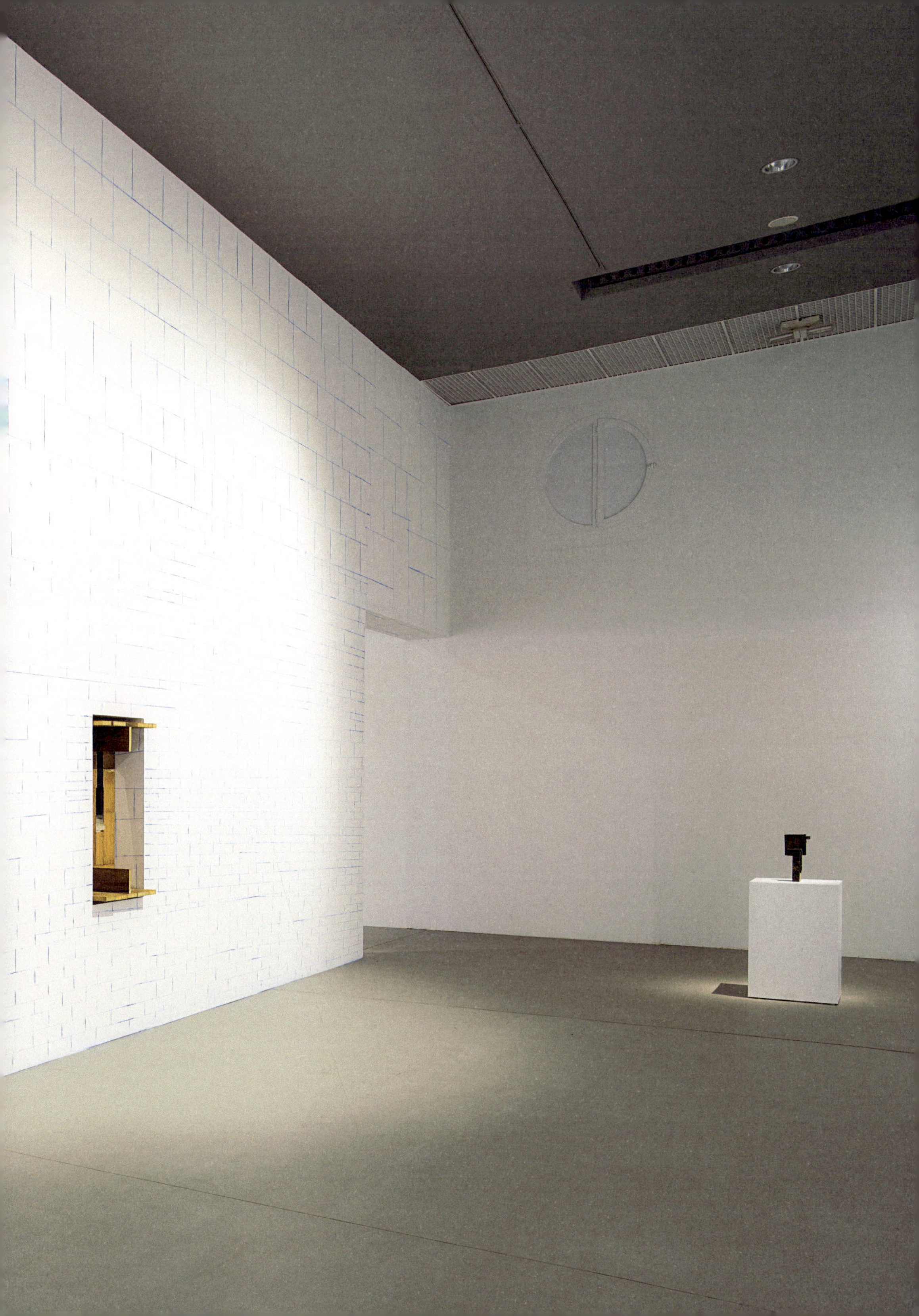

torno
2019
dimensiones variables
variable dimensions
iroko, lino, óleo, grapas
y azulete
iroko, linen, oil, staples,
and azulete
colección del artista
artist's collection

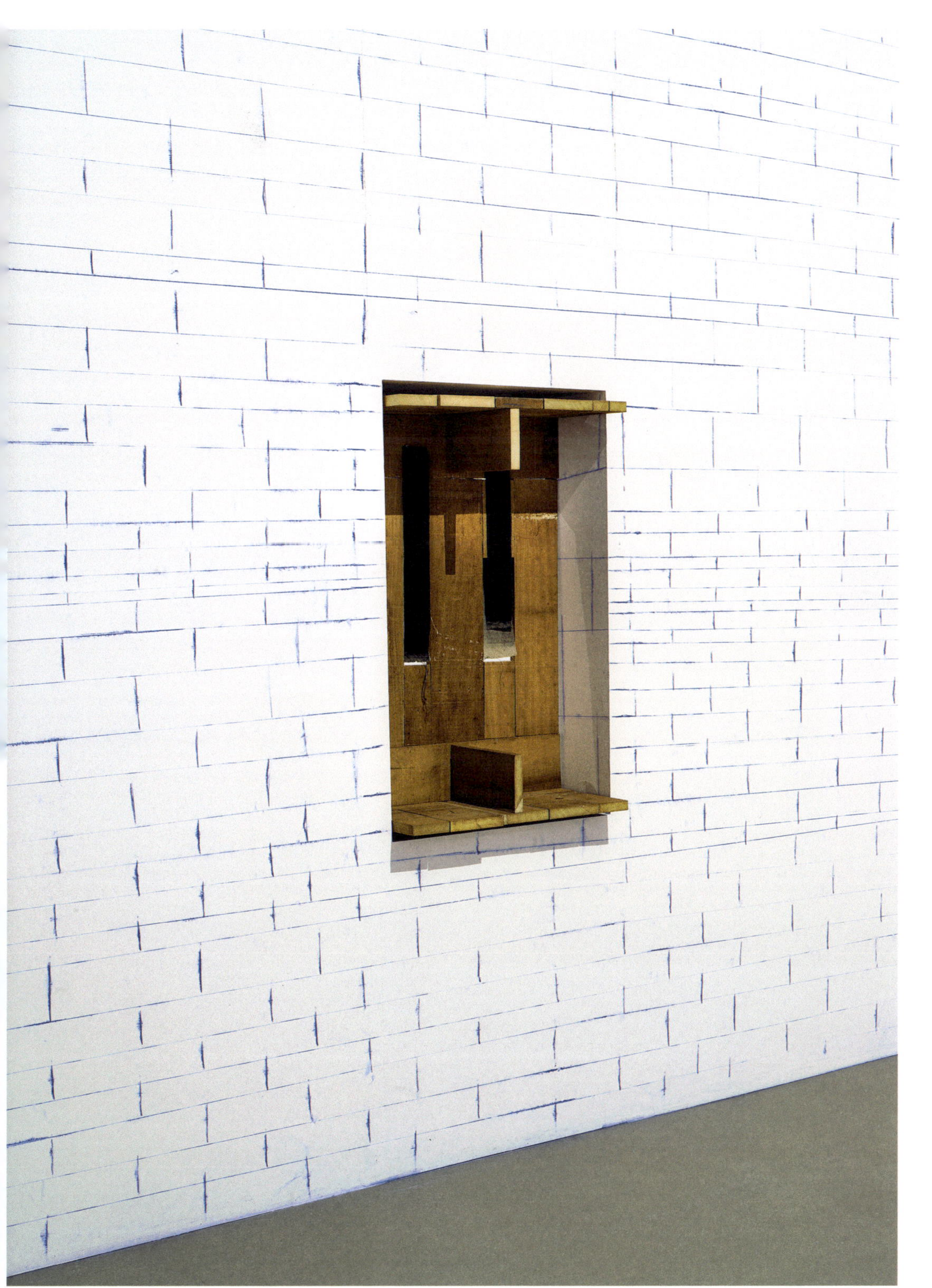

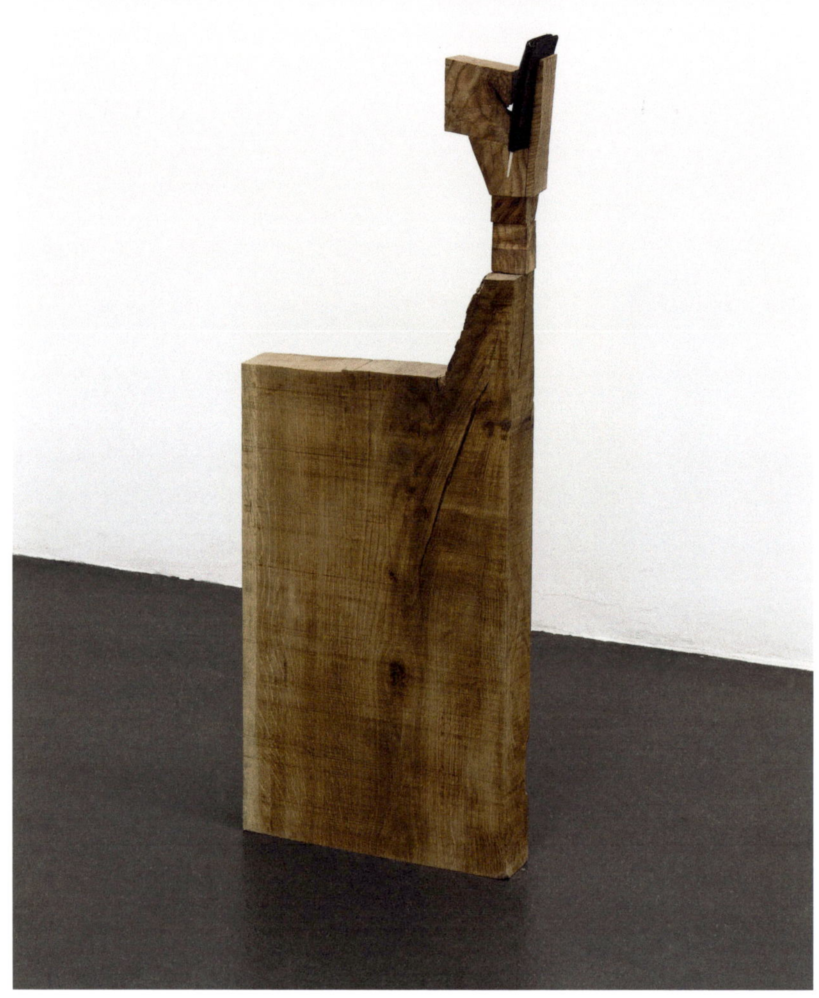

sin título

2015
89 x 32,5 x 10 cm
roble, pino y cuero
oak, pine tree, and leather
colección del artista
artist's collection

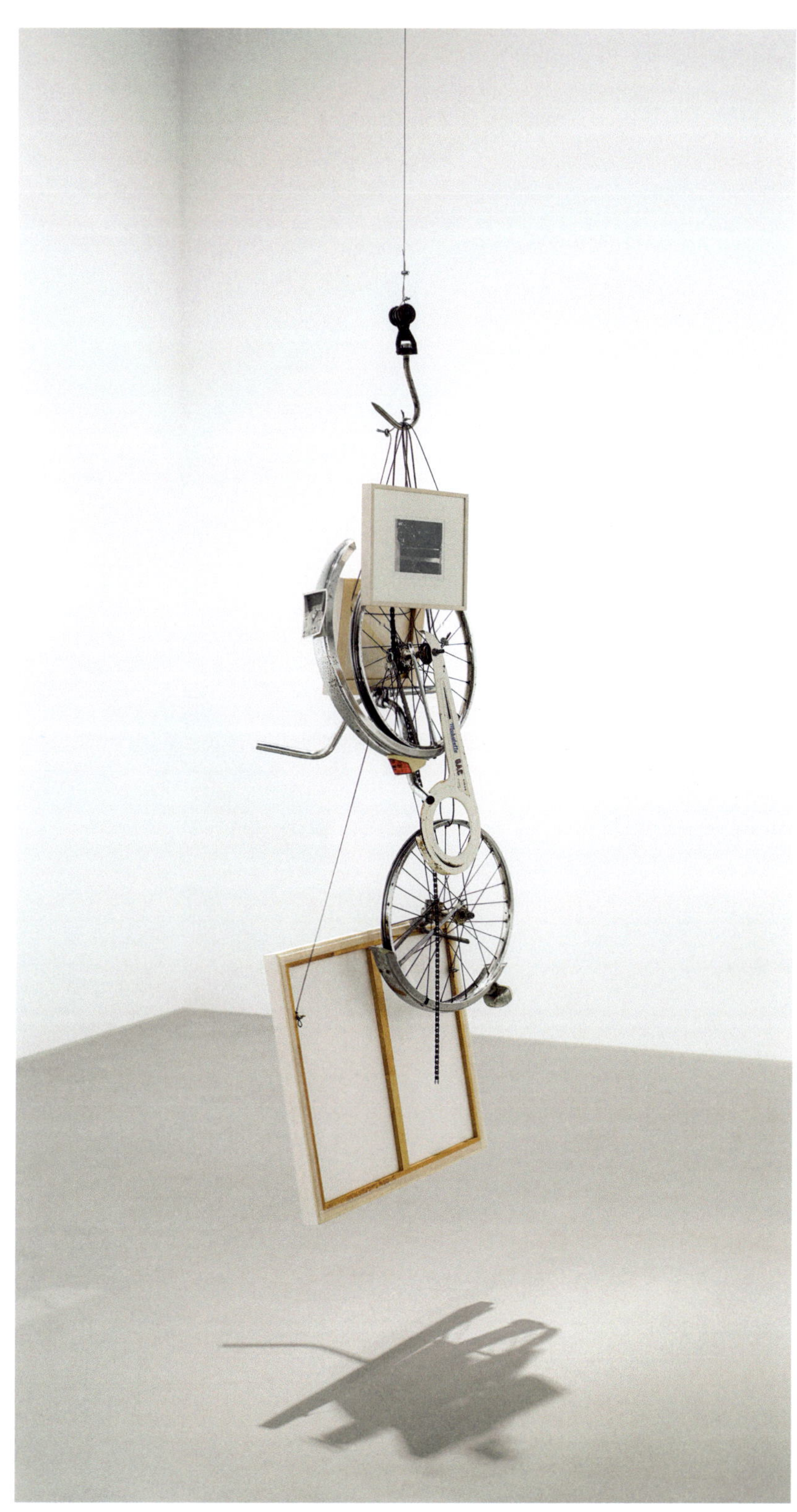

sin título
2015
dimensiones variables
variable dimensions
fotografía y metal
photography and metal
artium de álava,
vitoria-gasteiz

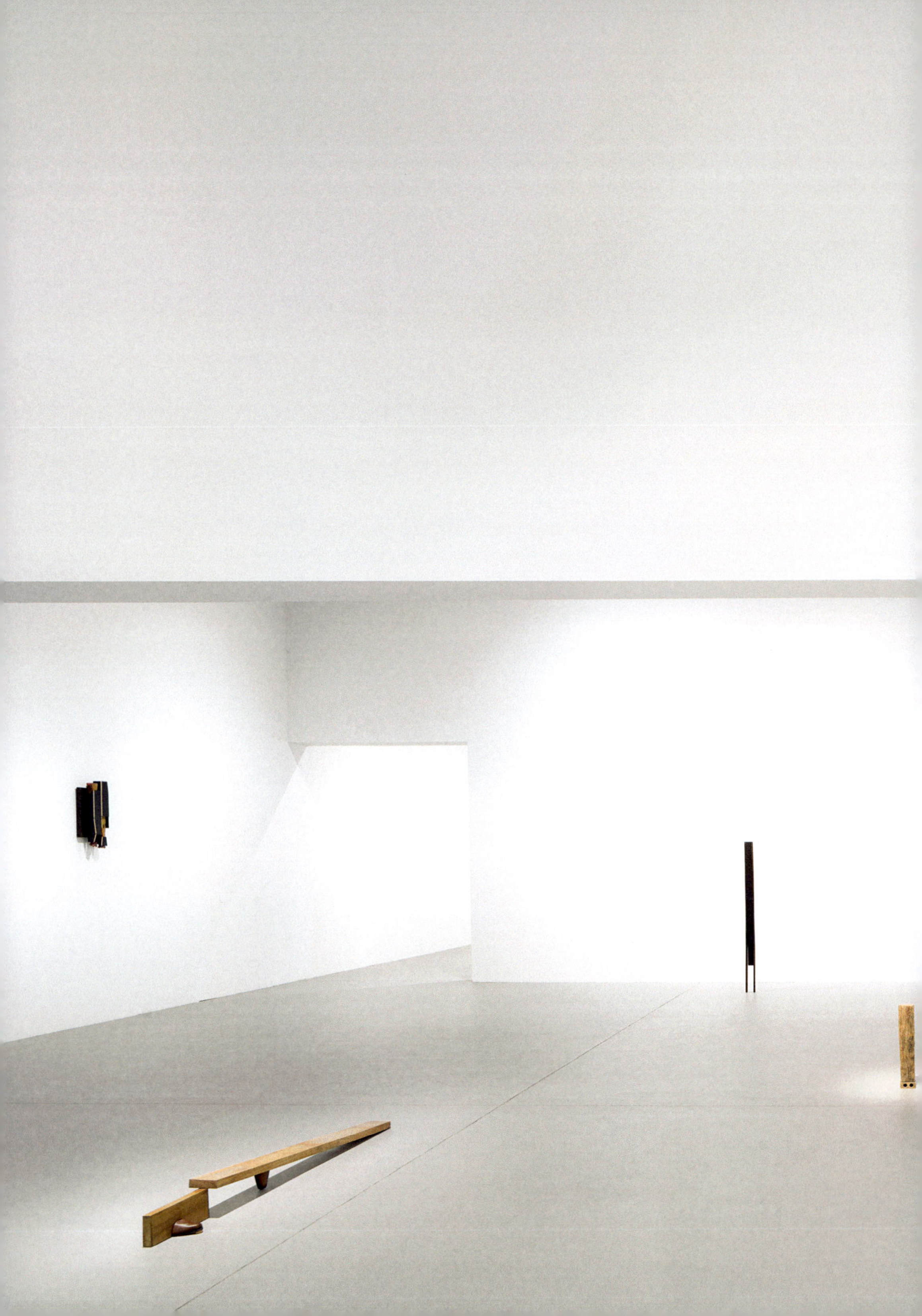

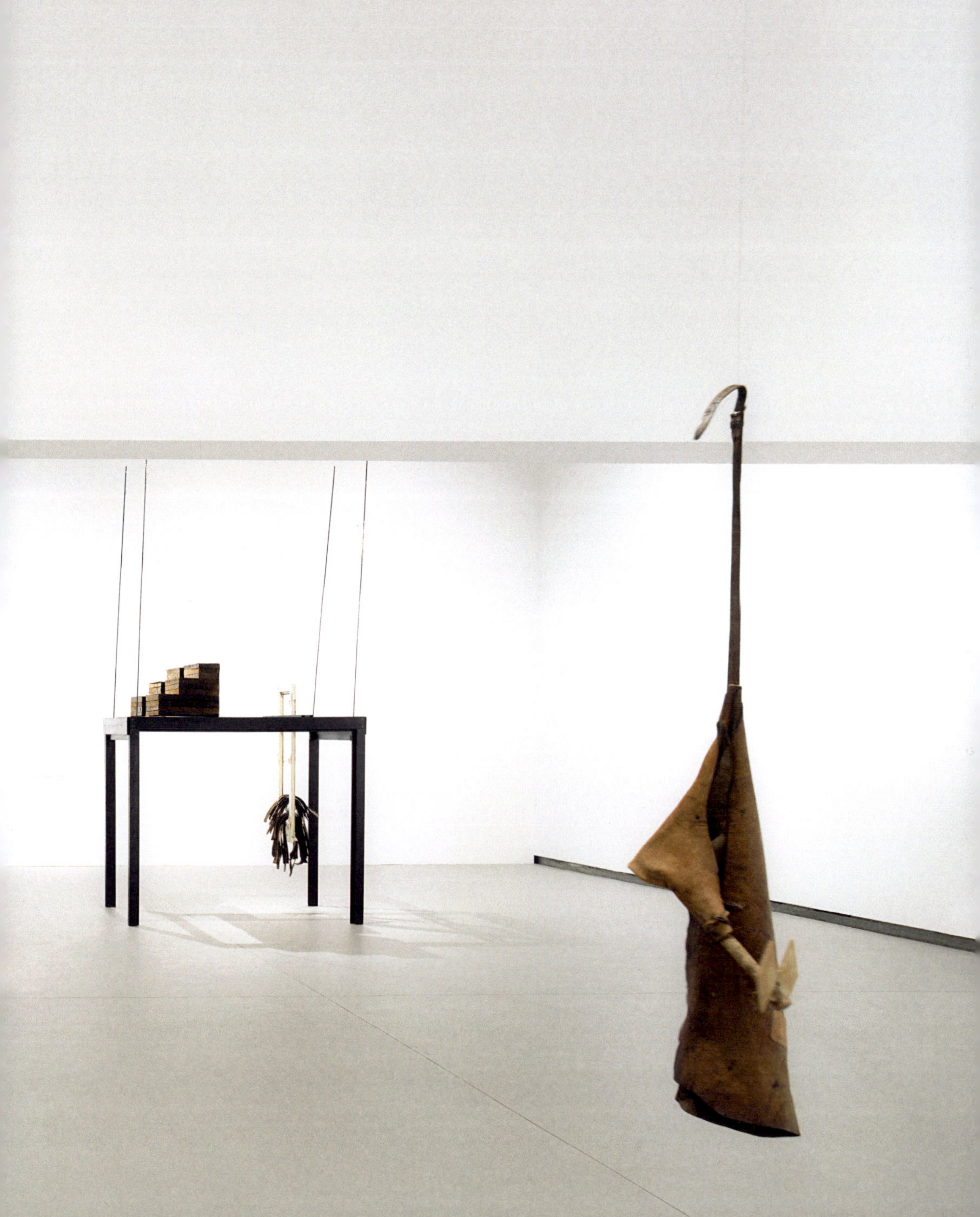

personaje 1
2019
179 x 11 x 8,5 cm
madera y grapas
wood and staples
colección del artista
artist's collection

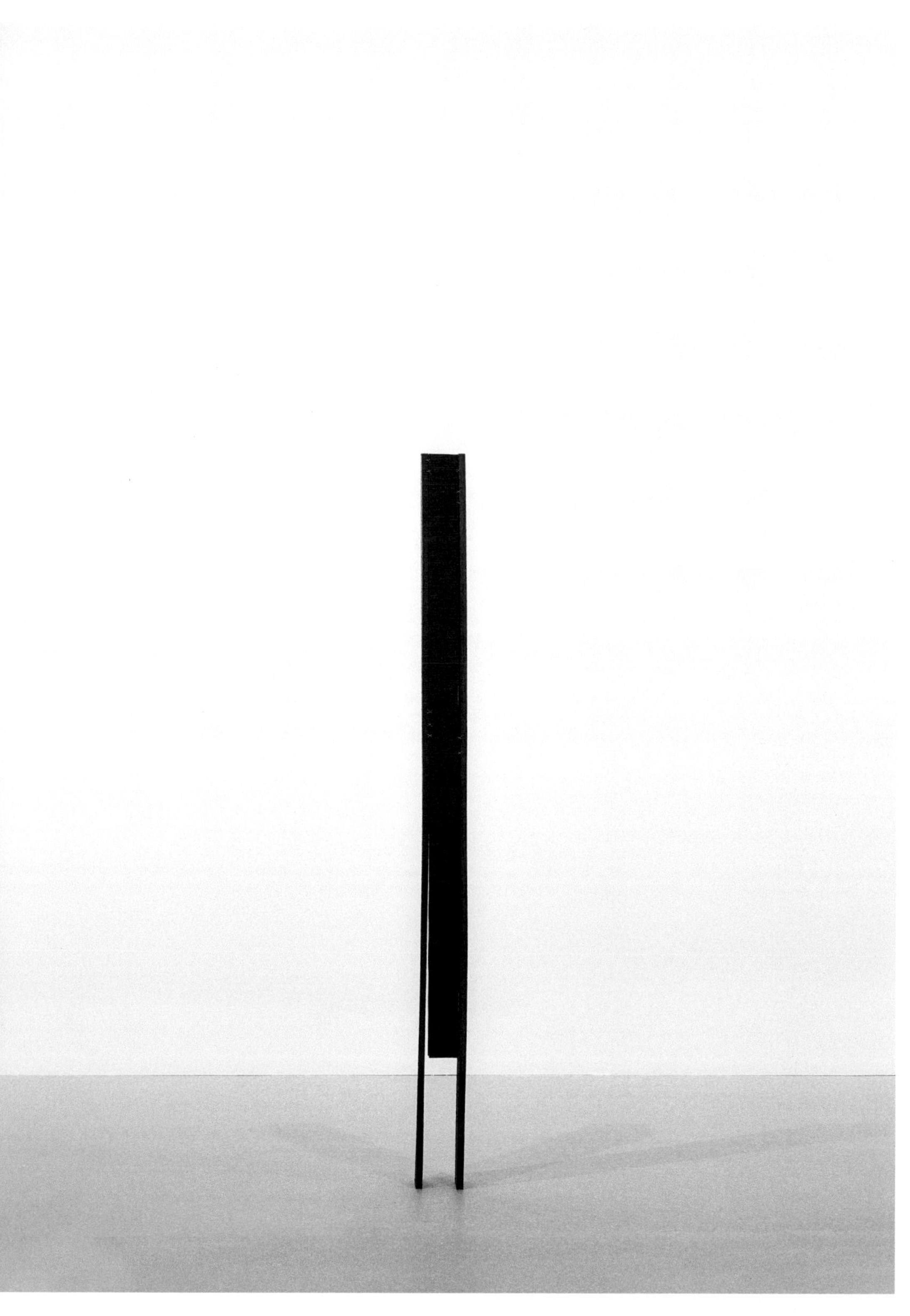

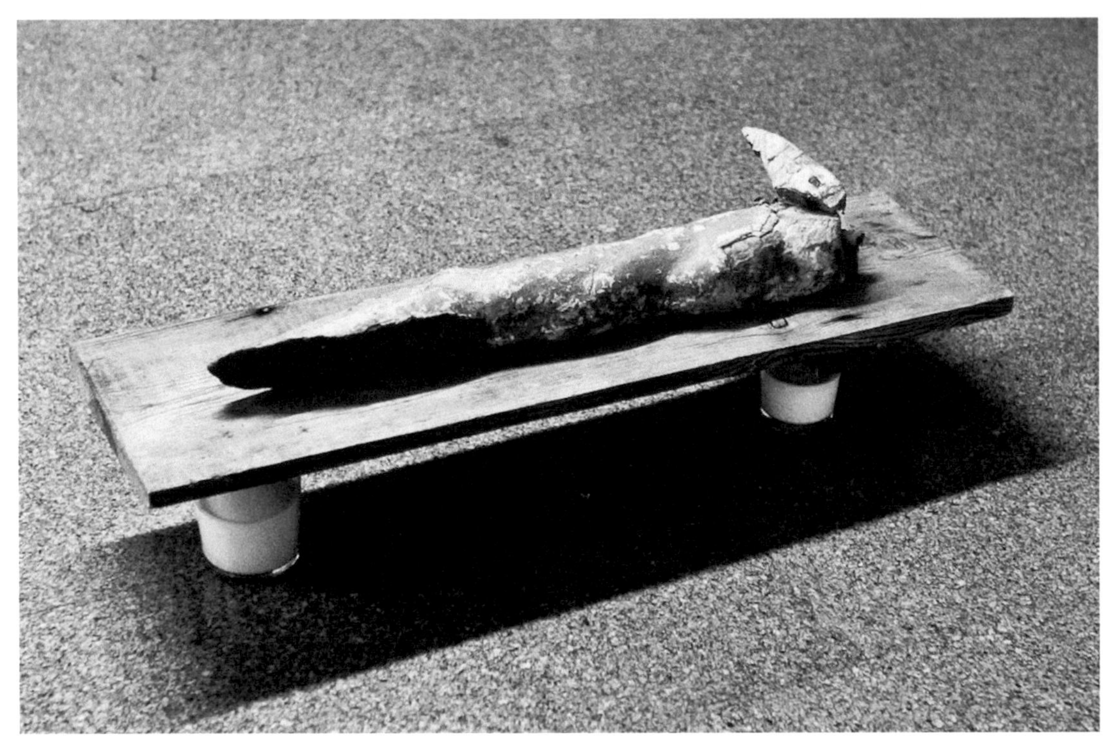

sin título
2011
41,3 x 58,4 cm
tinta pigmentada sobre
papel hahnemühle photo
rag 305 gr
pigmented ink on
hahnemühle photo rag
paper 305 gr
ed 5 + 1 pa
colección del artista
artist's collection

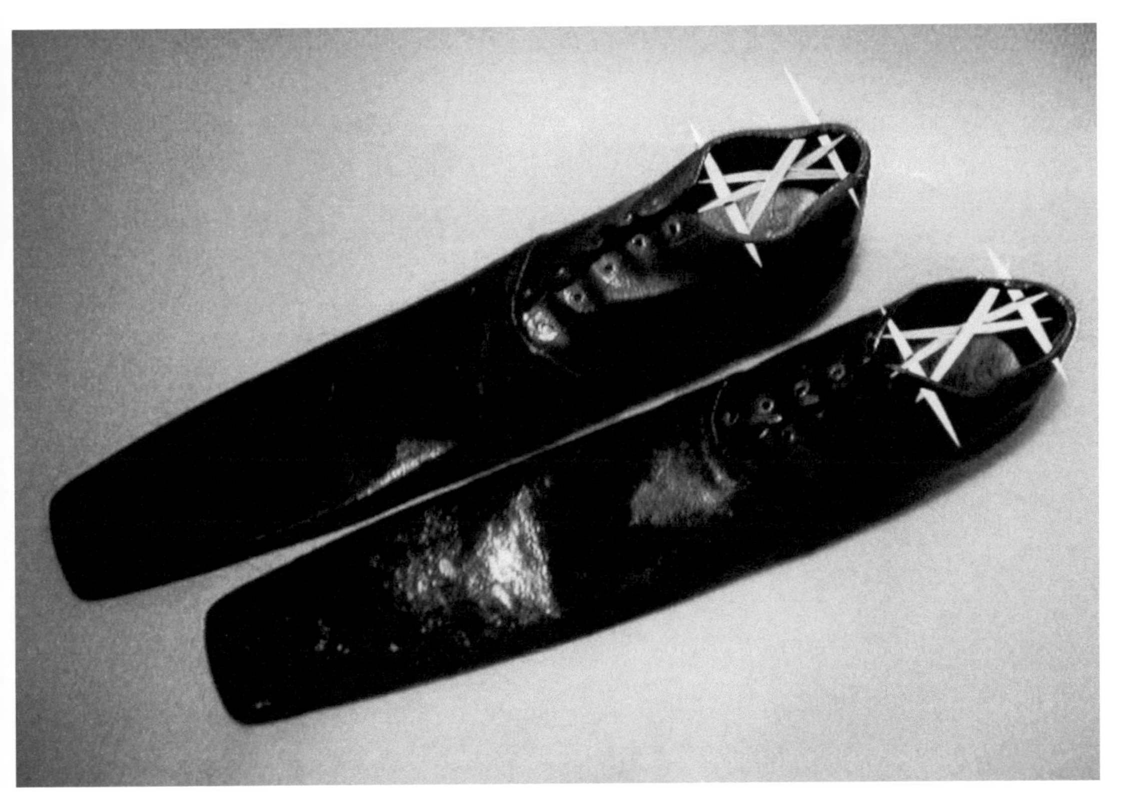

sin título
2011
41,3 x 58,4 cm
tinta pigmentada sobre
papel hahnemühle photo
rag 305 gr
pigmented ink on
hahnemühle photo rag
paper 305 gr
ed 5 + 1 pa
courtesy mai 36 galerie,
zurich

piñata
2018-2019
dimensiones variables
variable dimensions
iroko, higuera, hierro, lino,
grapas, cerámica vidriada,
latón dulce, latón duro,
cobre, alpaca, vídrio,
esparto y frutal tallado
iroko, fig tree, iron, linen,
staples, grazed ceramic,
hard brass, soft brass, copper,
alpaca, glass, esparto,
and carved cane
colección del artista
artist's collection

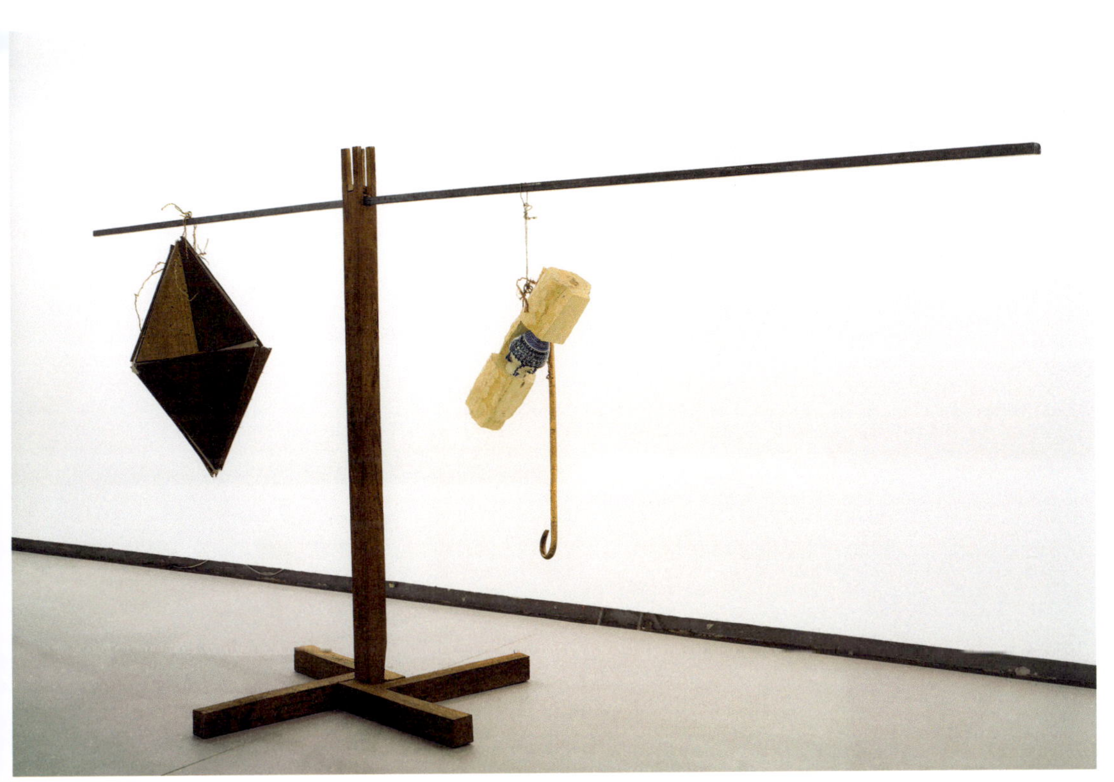

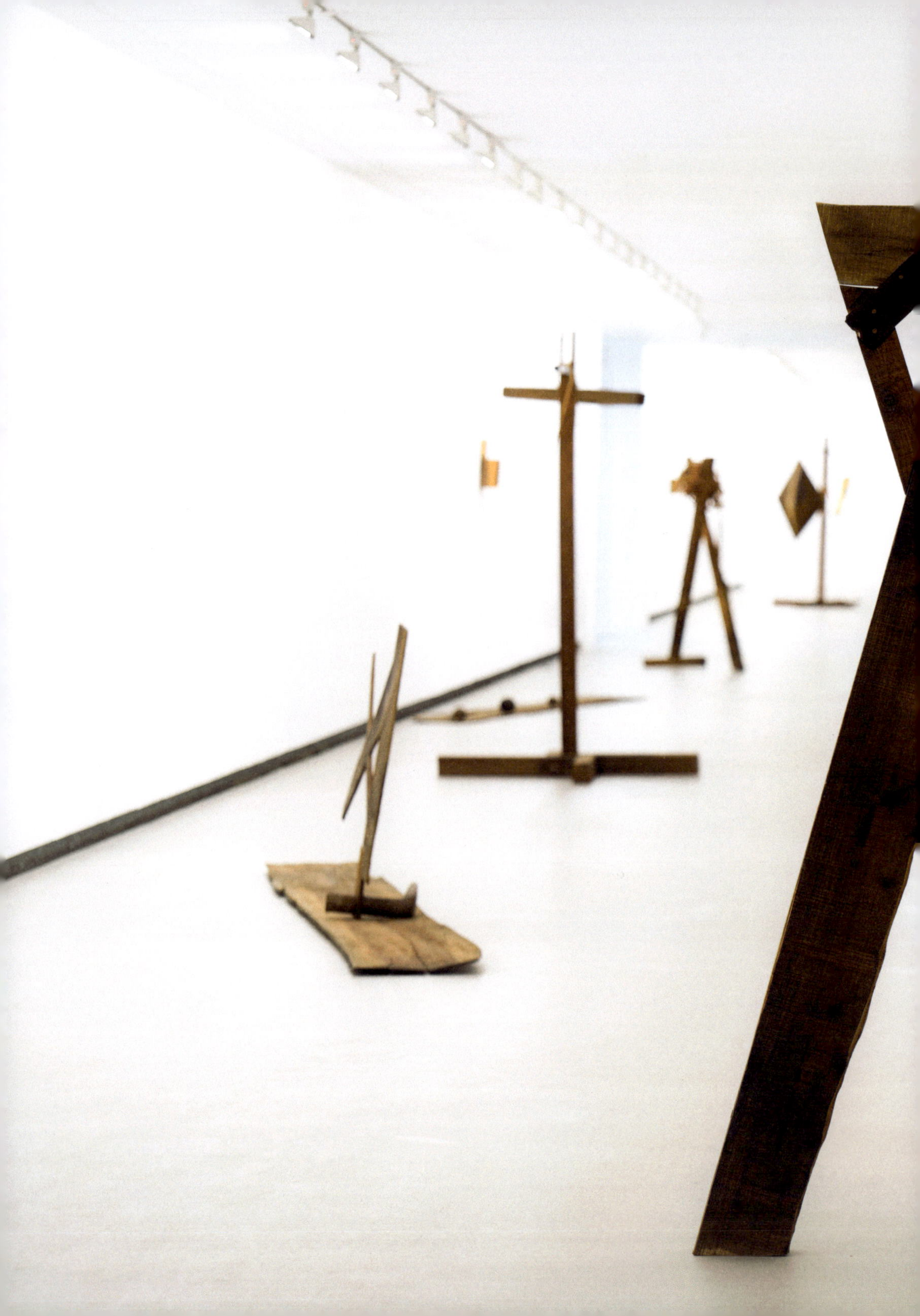

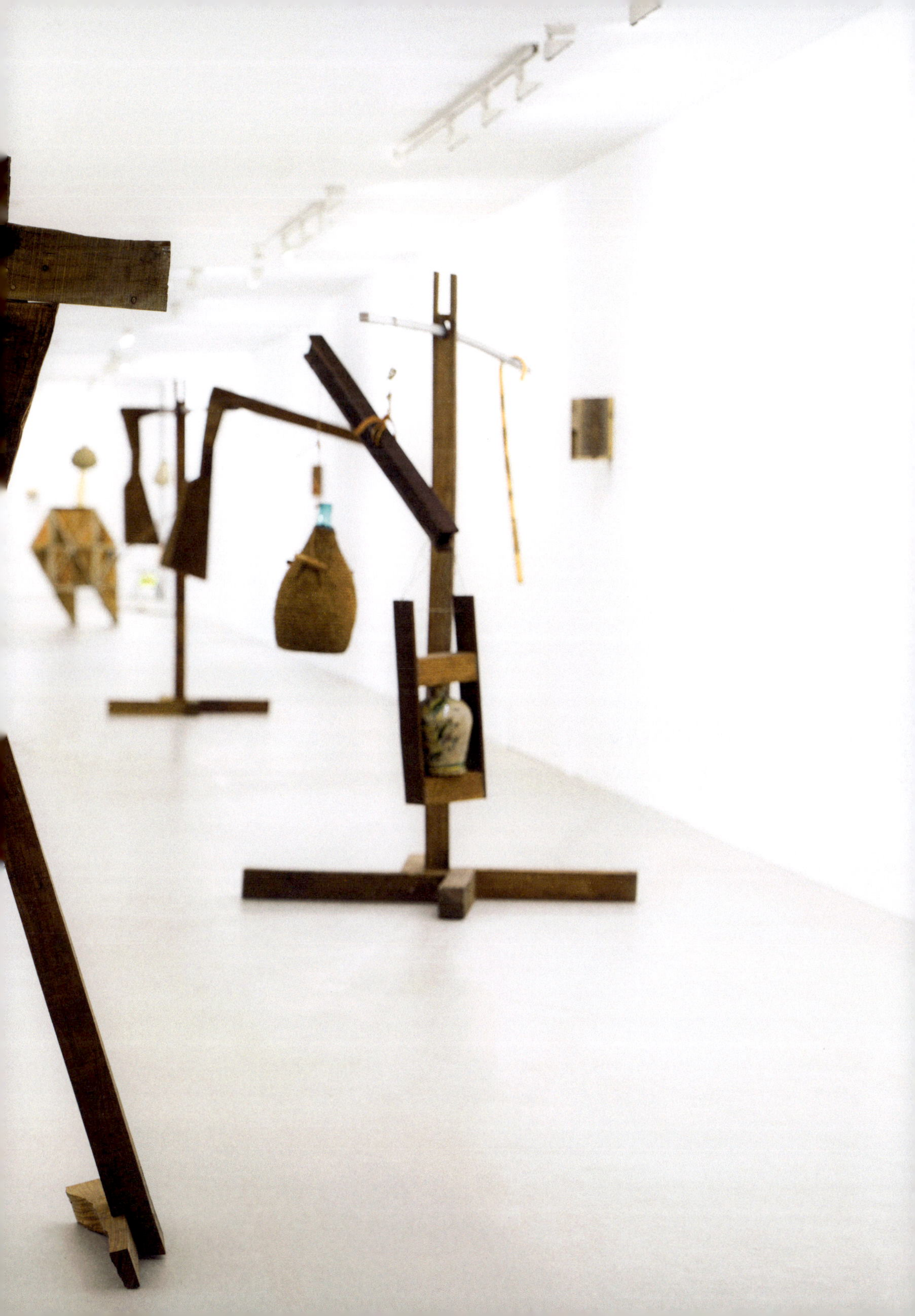

piñata
2018-2019
dimensiones variables
variable dimensions
iroko, hierro, grapas,
latón dulce, latón duro,
cobre, alpaca y corcho
policromado
iroko, iron, staples, hard
brass, soft brass, copper,
alpaca, and polychrome cork
colección del artista
artist's collection

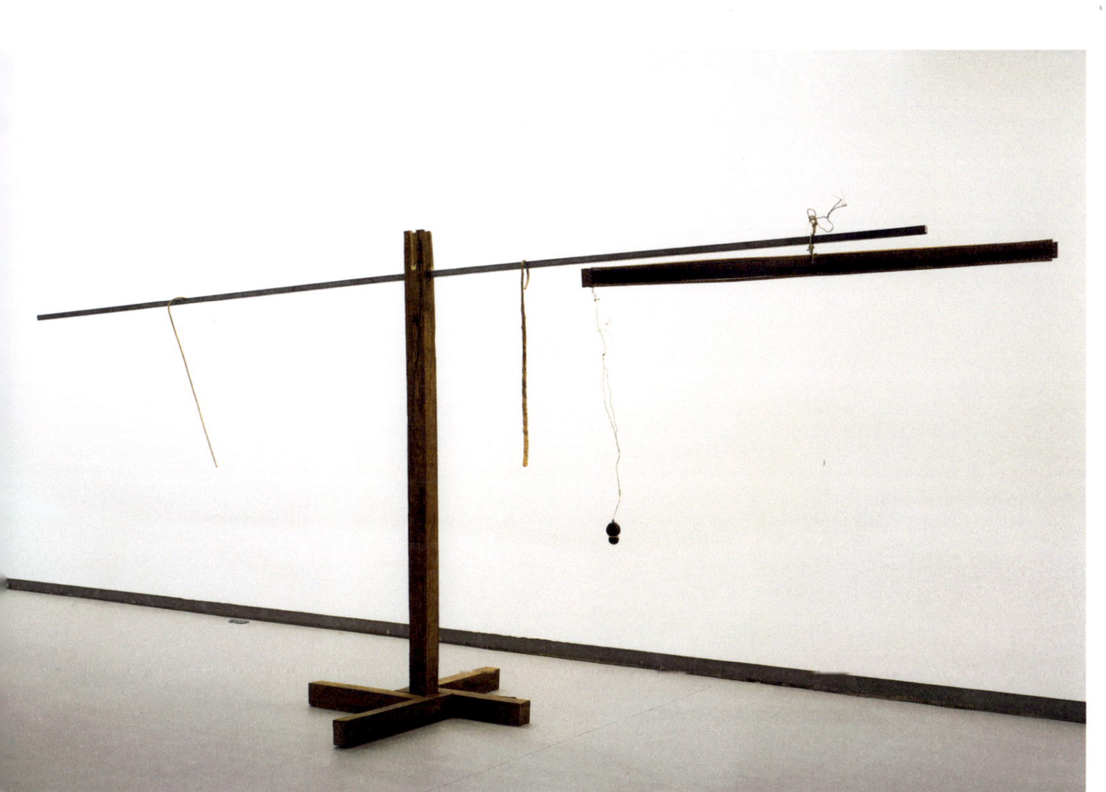

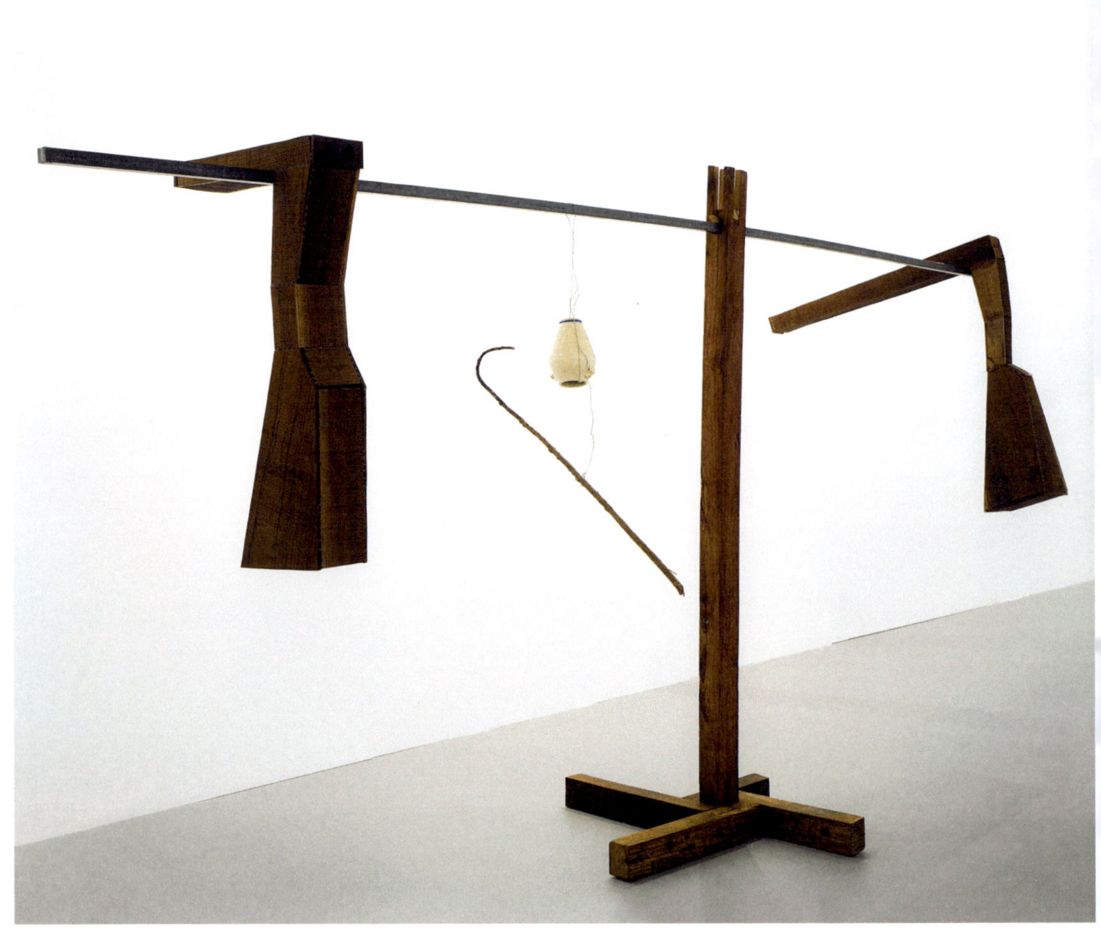

piñata
2018-2019
dimensiones variables
variable dimensions
iroko, hierro, cerámica
vidriada y alpaca
iroko, iron, grazed ceramic,
and alpaca
colección del artista
artist's collection

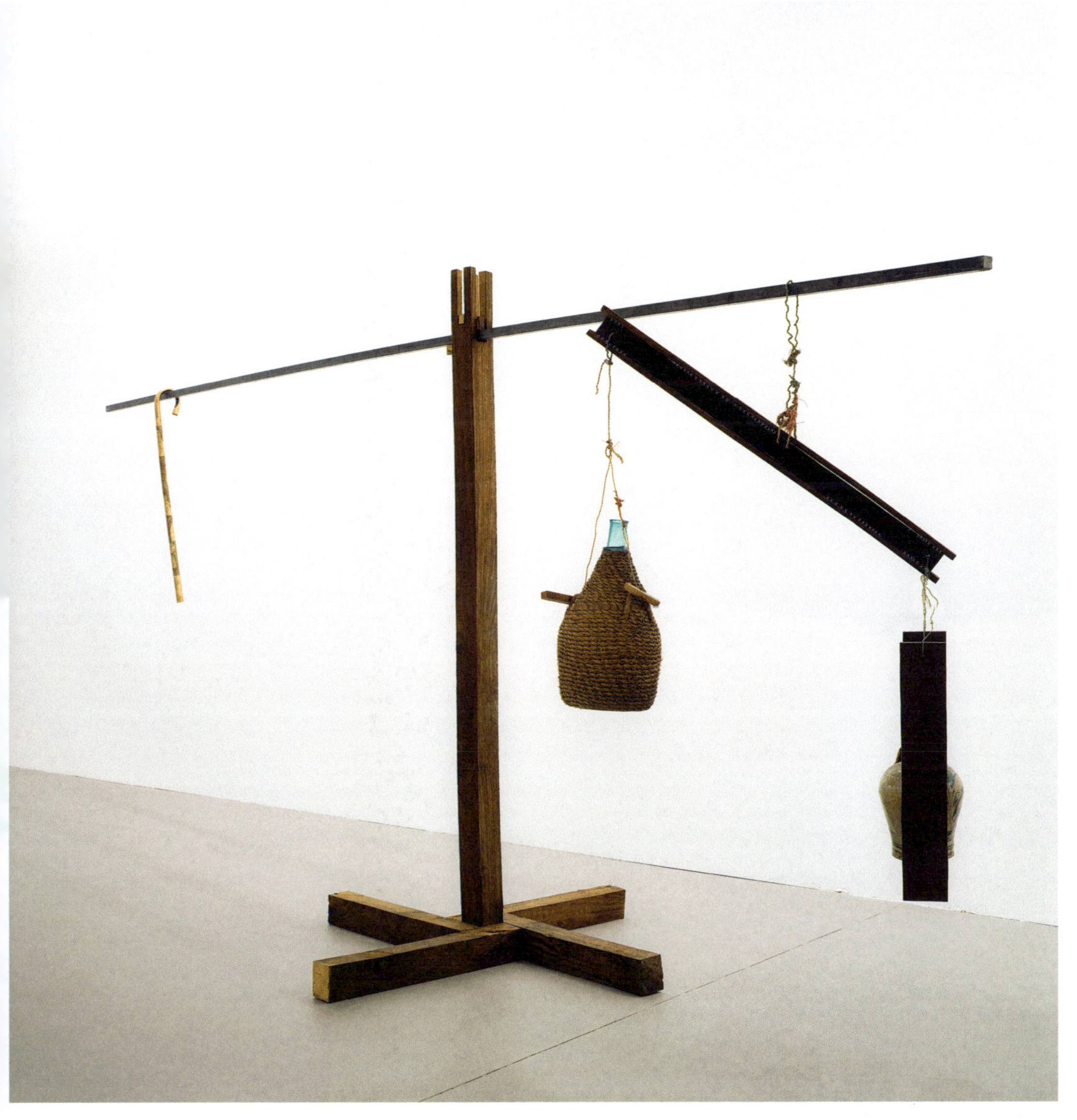

piñata
2018-2019
dimensiones variables
variable dimensions
iroko, hierro, grapas,
cerámica vidriada y alpaca
iroko, iron, linen, staples,
grazed ceramic, and alpaca
colección del artista
artist's collection

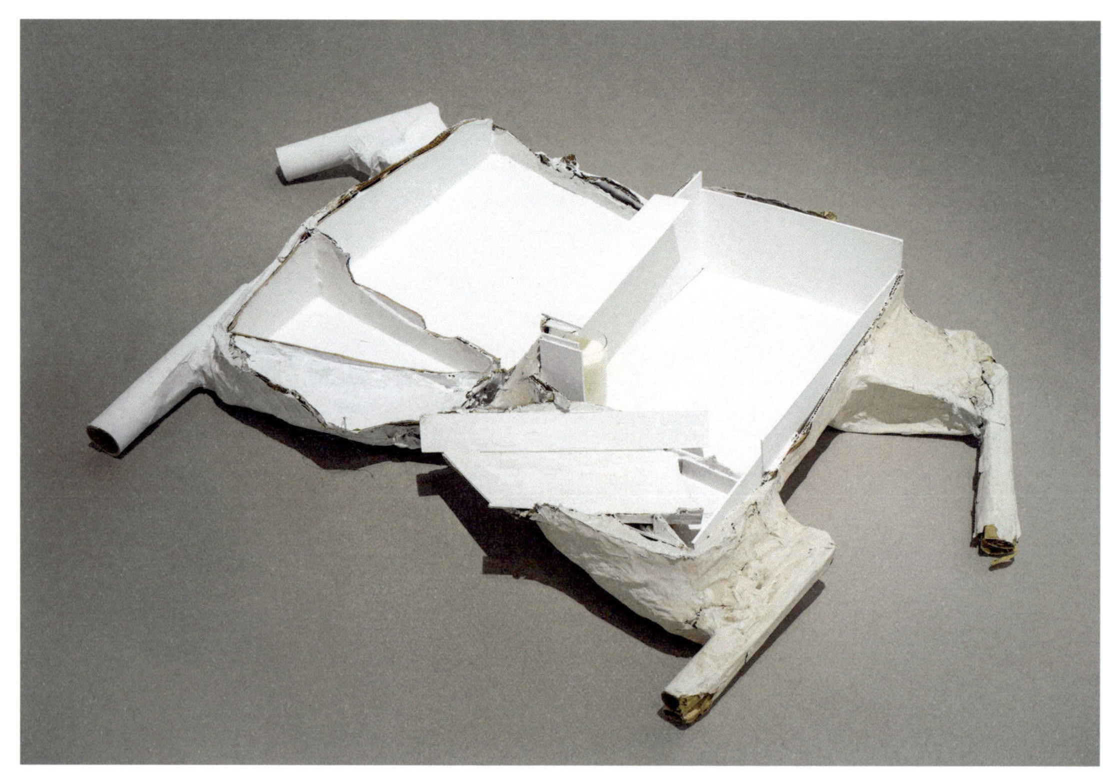

malos tiempos
2009
24 x 124 x 91 cm
cartón, papel maché, cristal
y leche
*paperboard, paper mache,
glass, and milk*
colección del artista
artist's collection

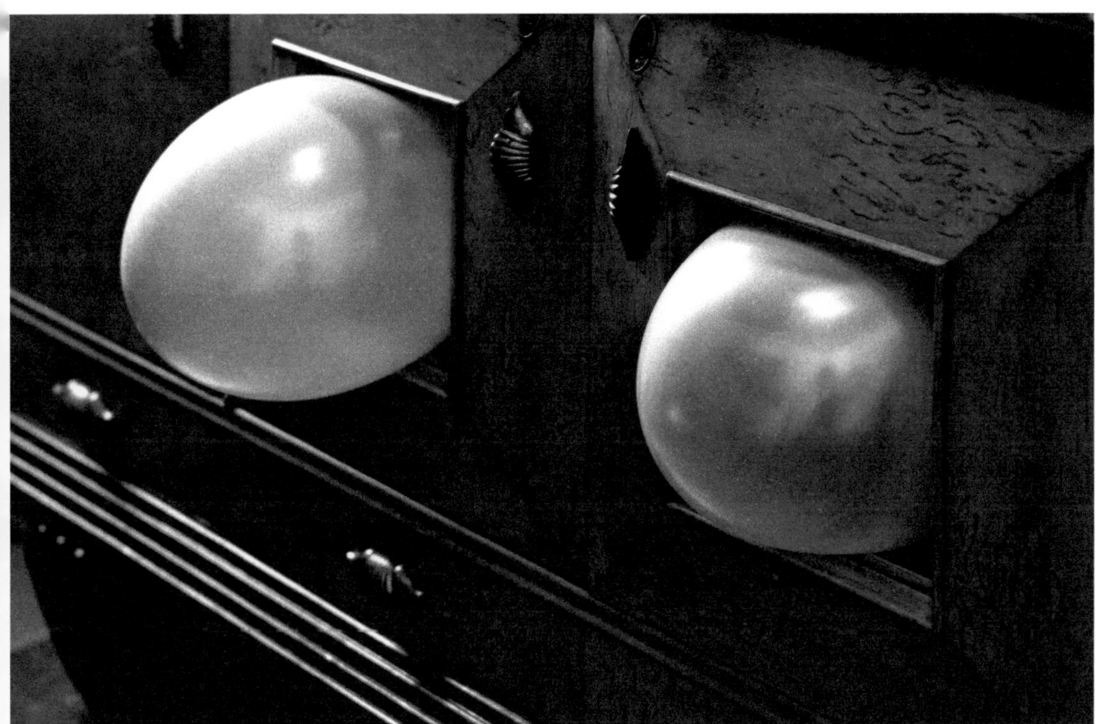

sin título
2011
41,3 x 58,4 cm
tinta pigmentada sobre
papel hahnemühle photo
rag 305 gr
pigmented ink on
hahnemühle photo rag
paper 305 gr
ed 5 + 1 pa
colección del artista
artist's collection

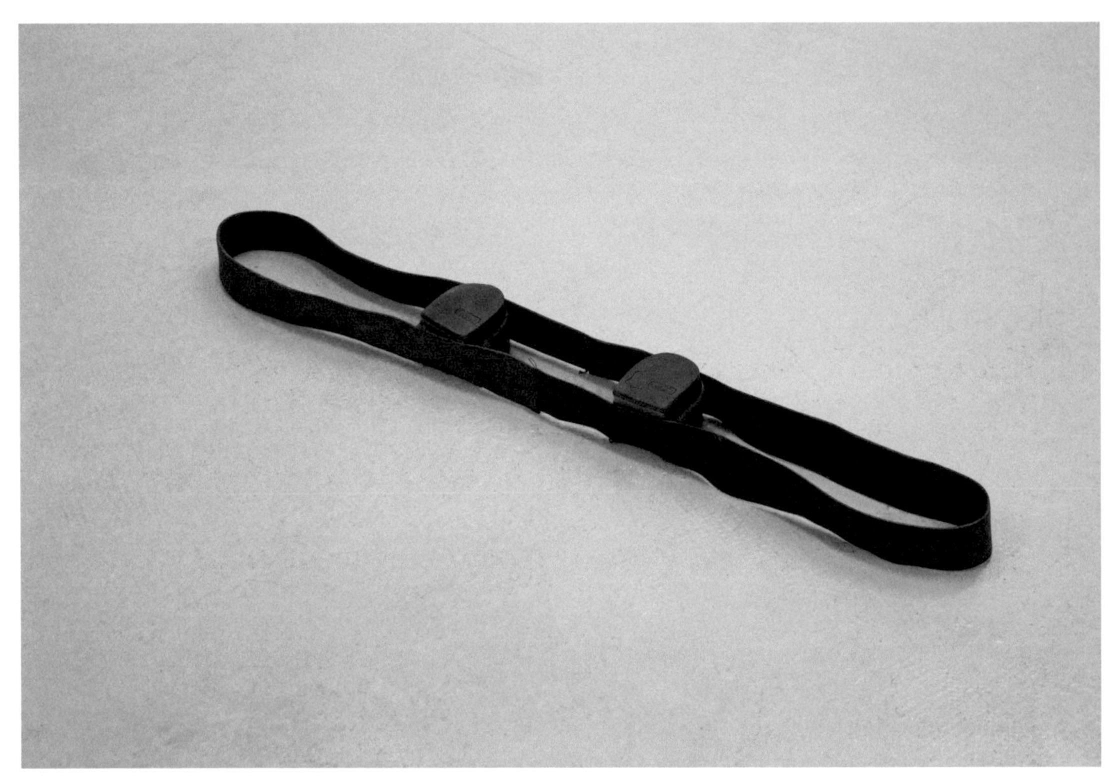

sin título
2014
7,5 x 86 x 9 cm
cuero y zapatos
leather and shoes
mai 36 galerie, zurich

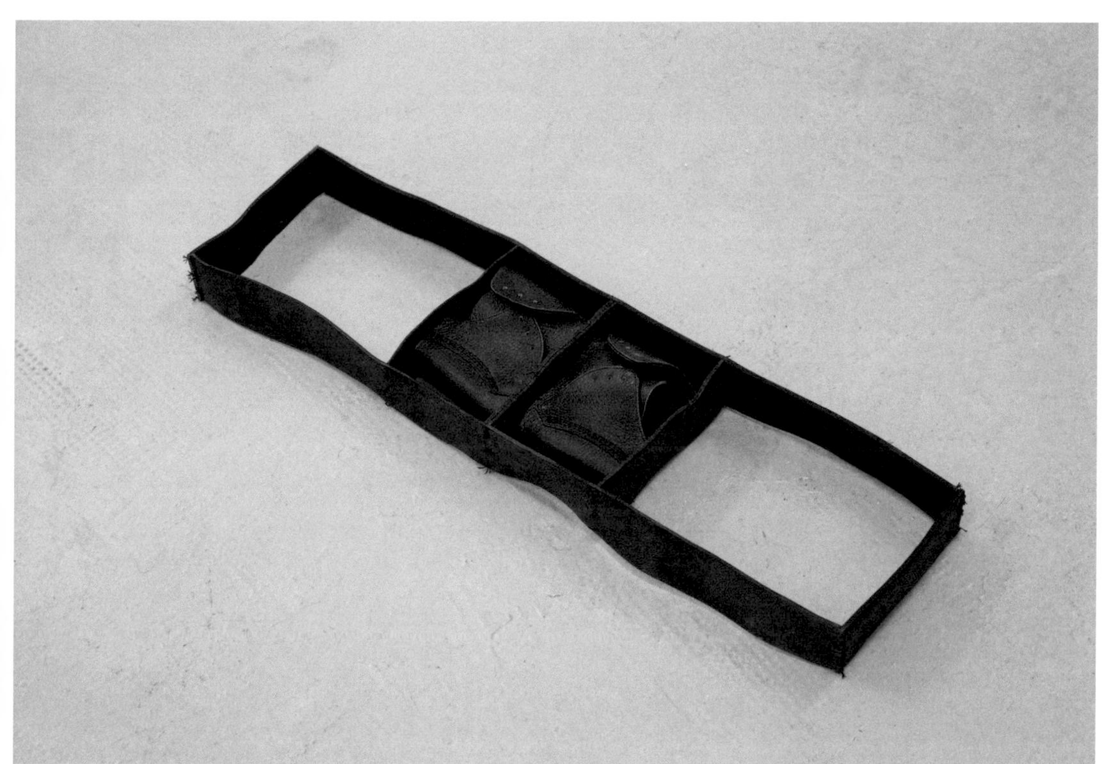

sin título
2014
6 x 61 x 16 cm
cuero y zapatos
leather and shoes
mai 36 galerie, zurich

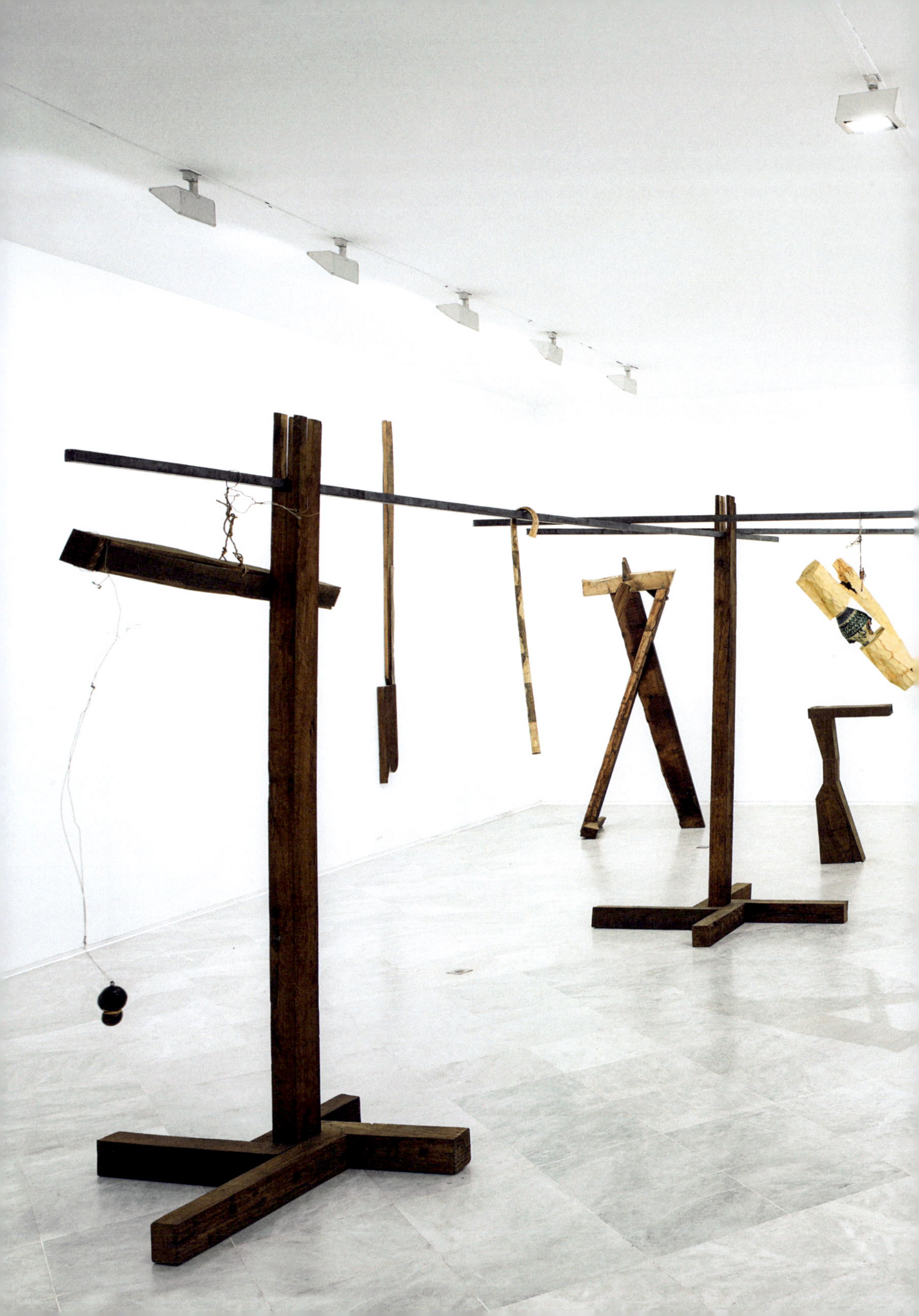

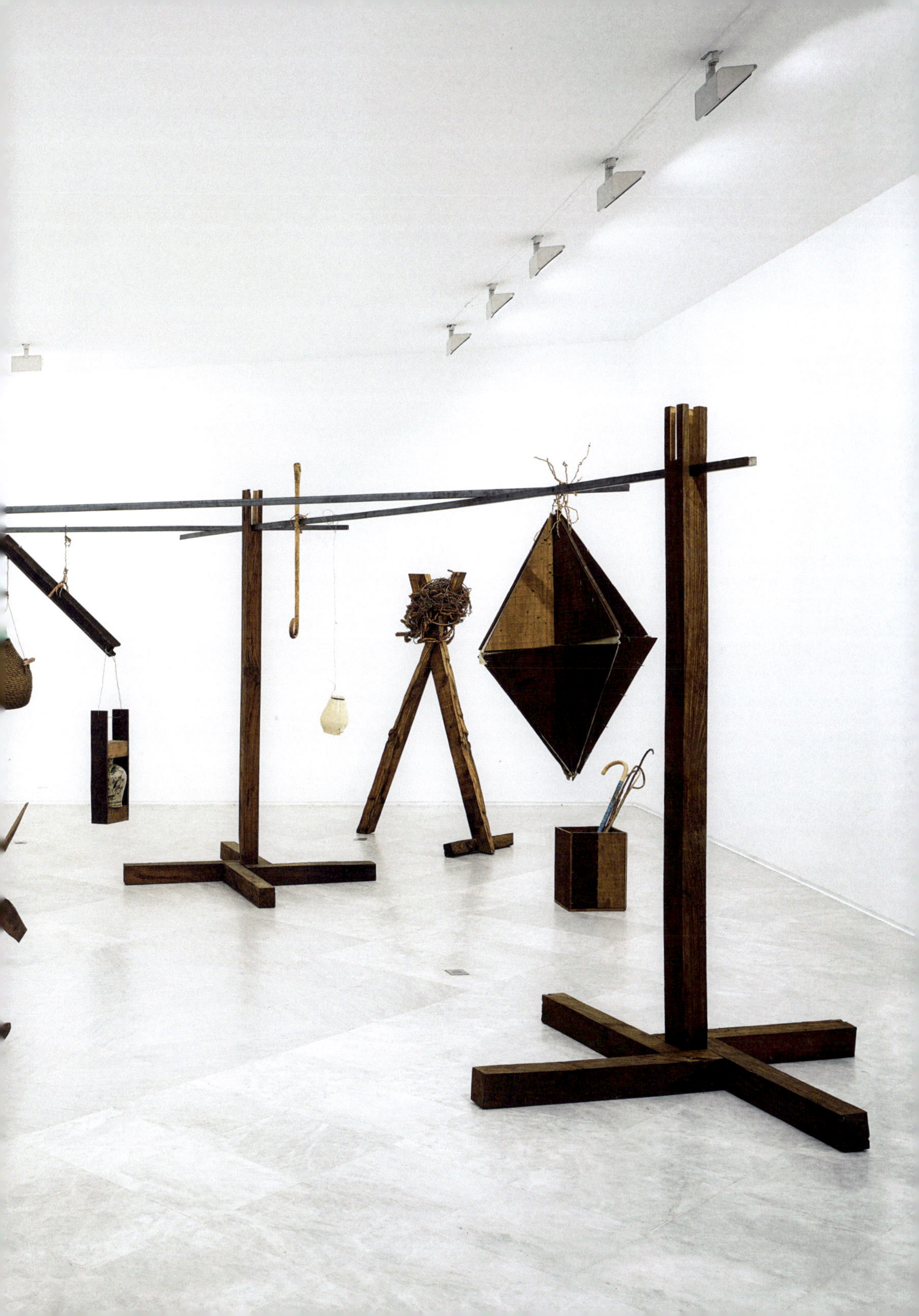

pelele
2019
41 x 23 cm
tinta pigmentada sobre
papel hahnemühle photo
rag 305 gr, papel japonés,
carboncillo concentrado
y *collage*
pigmented ink on
hahnemühle photo rag
paper 305 gr, japanese paper,
concentrated charcoal, and
collage
colección del artista
artist's collection

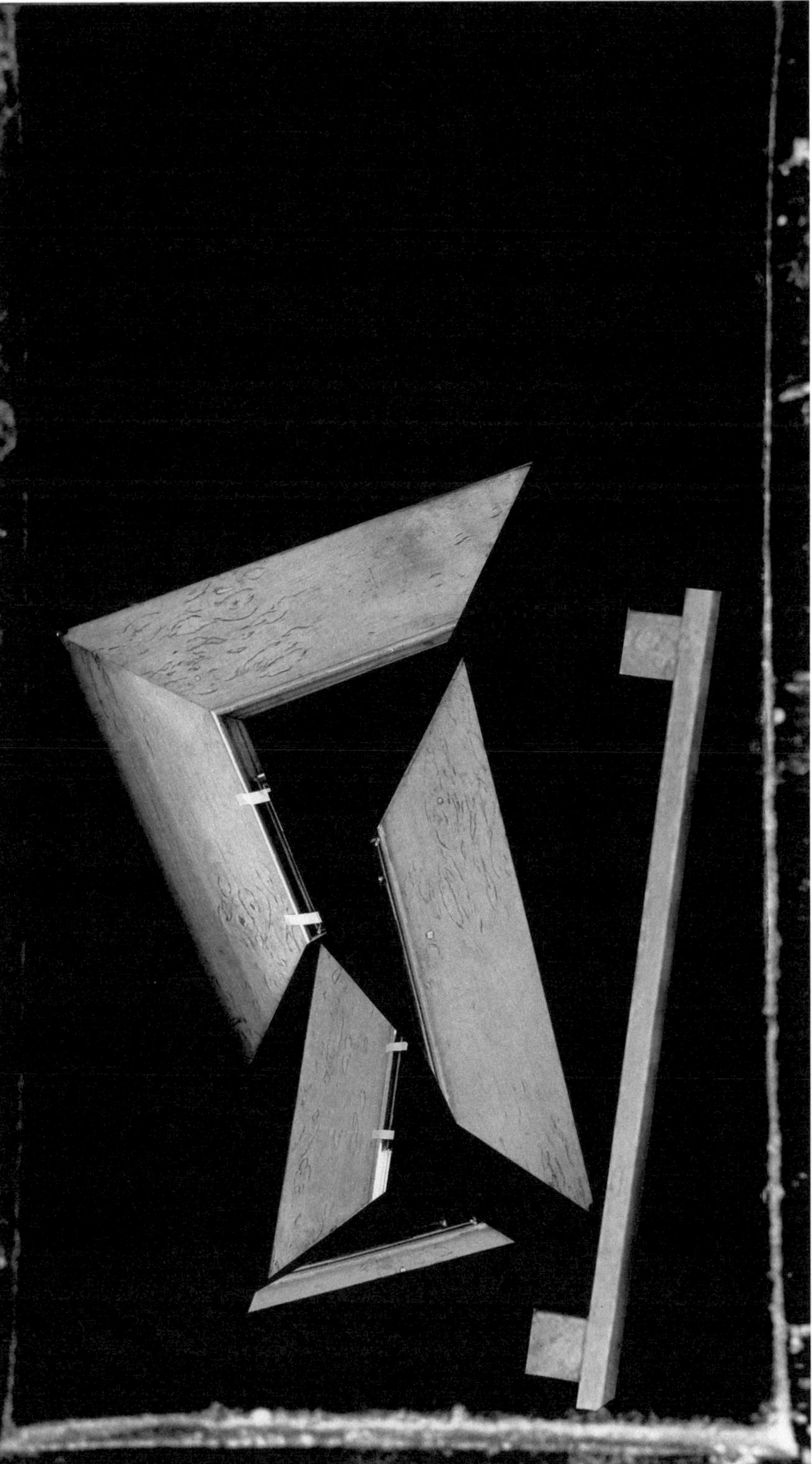

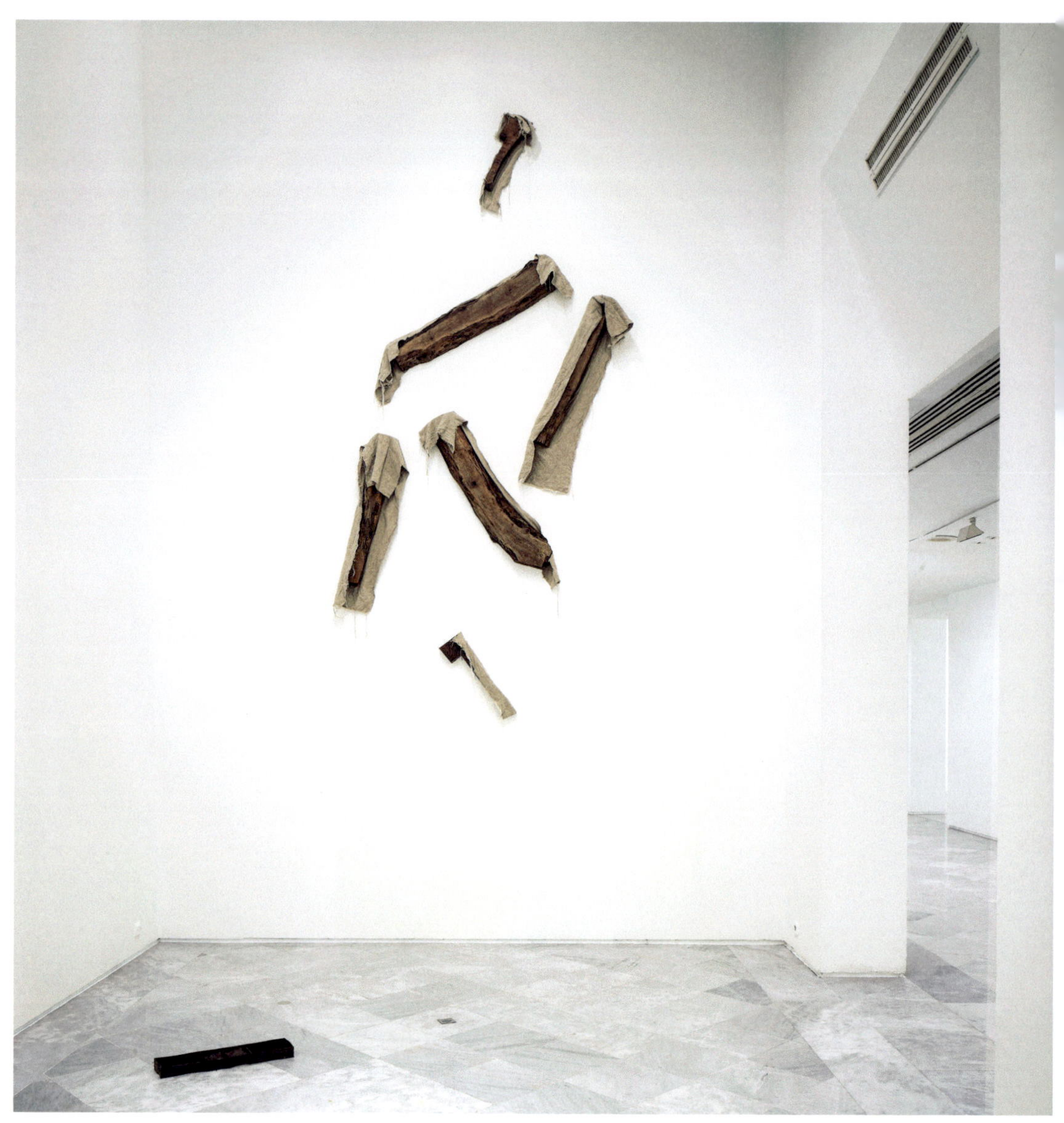

pelele
2018
402 x 198 x 19 cm
nogal español, aceite,
grapas y lino
*spanish walnut tree, oil,
staples, and linen*
colección del artista
artist's collection

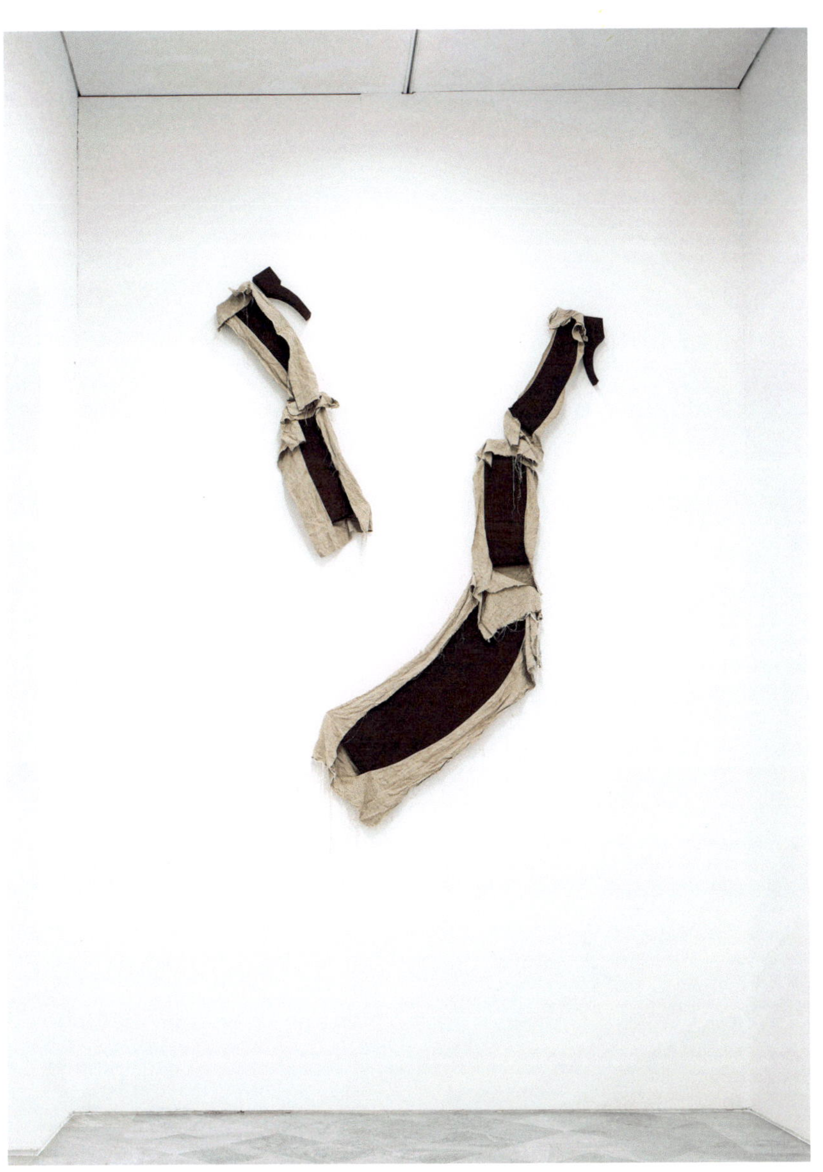

pelele
2018
392 x 244 x 16 cm
sapelly, aceite, grapas y lino
sapelly, oil, staples, and linen
colección del artista
artist's collection

pelele
2018
310 x 195 x 16 cm
sapelly, aceite, grapas y lino
sapelly, oil, staples, and linen
colección del artista
artist's collection

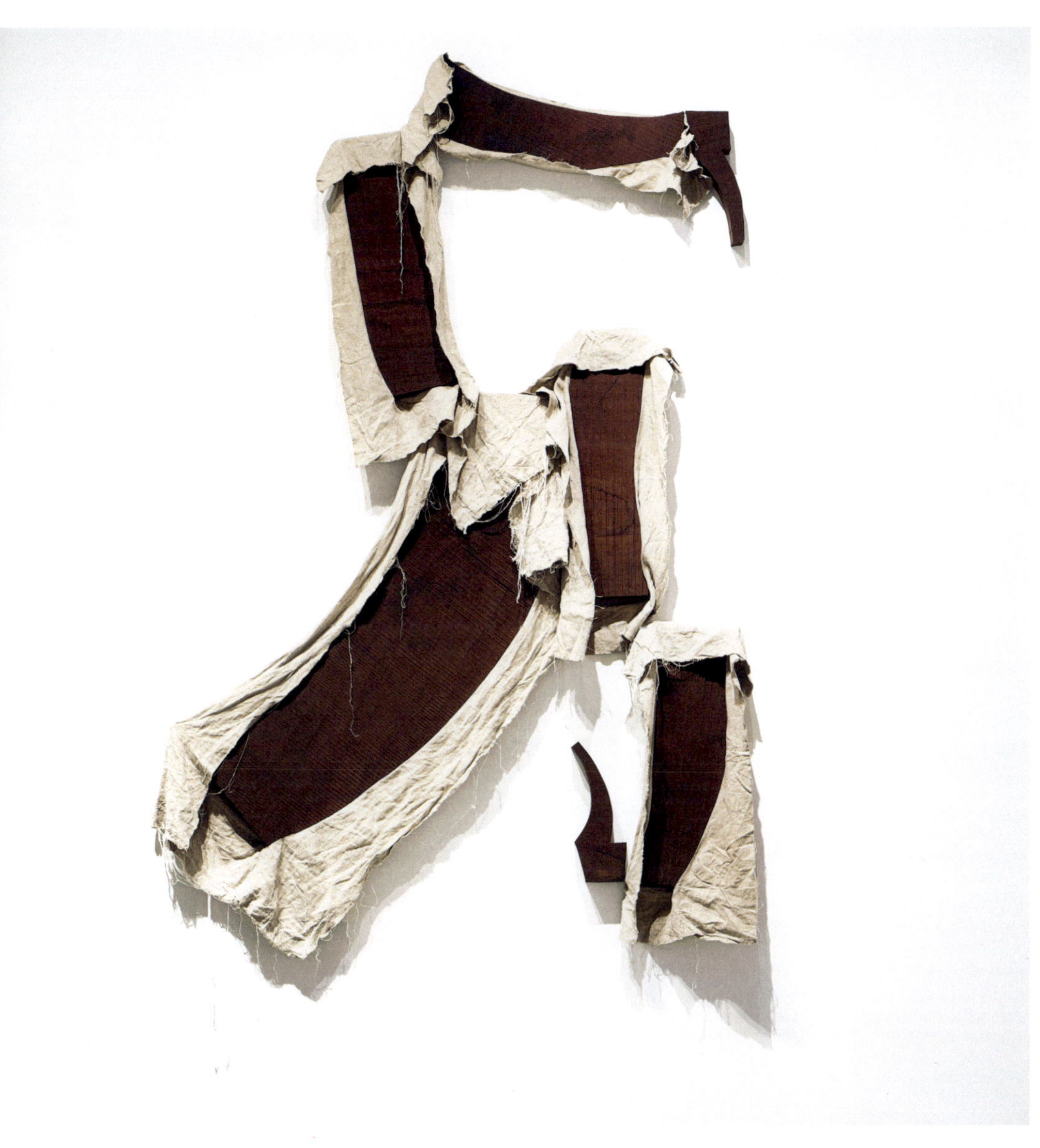

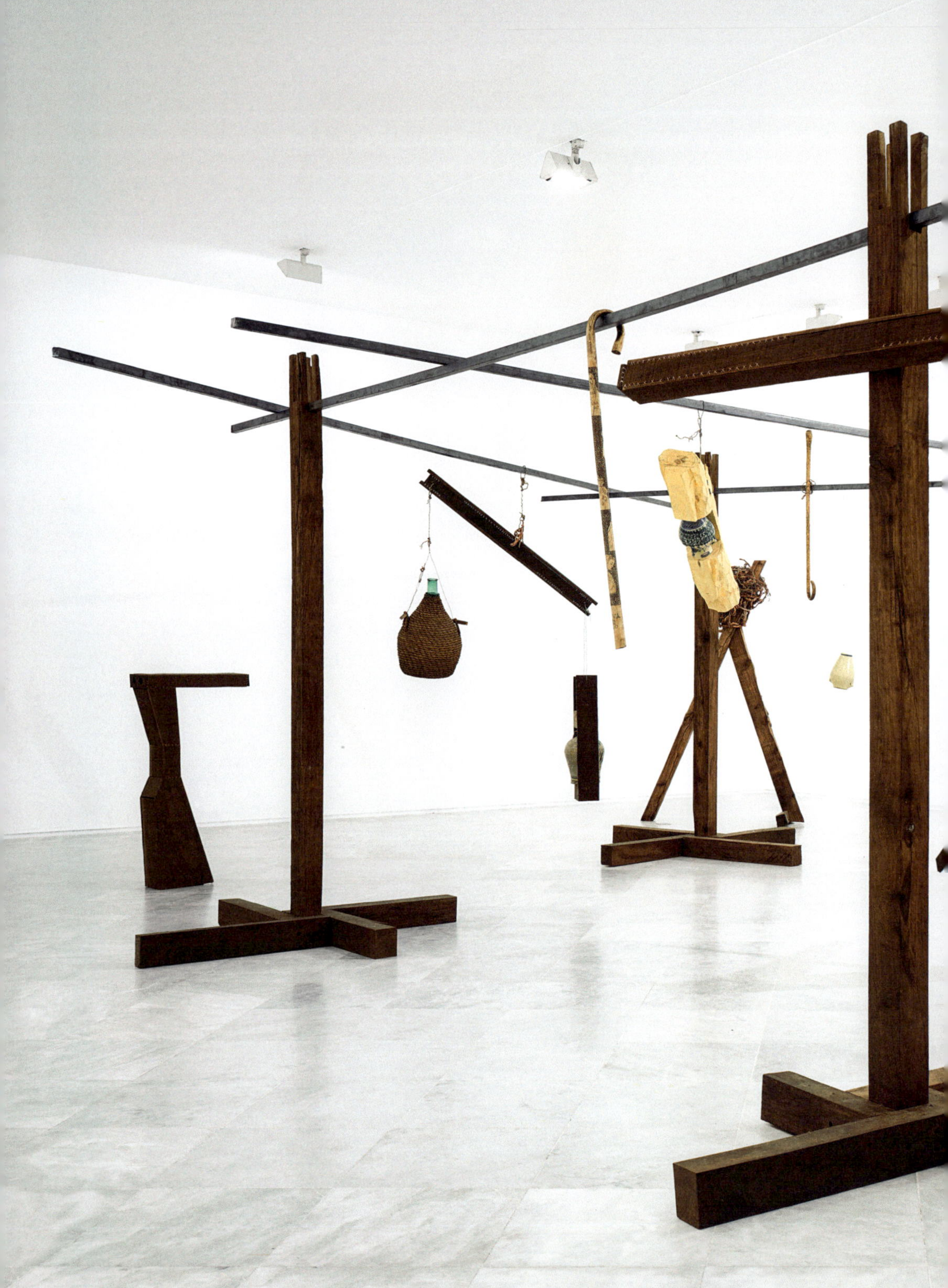

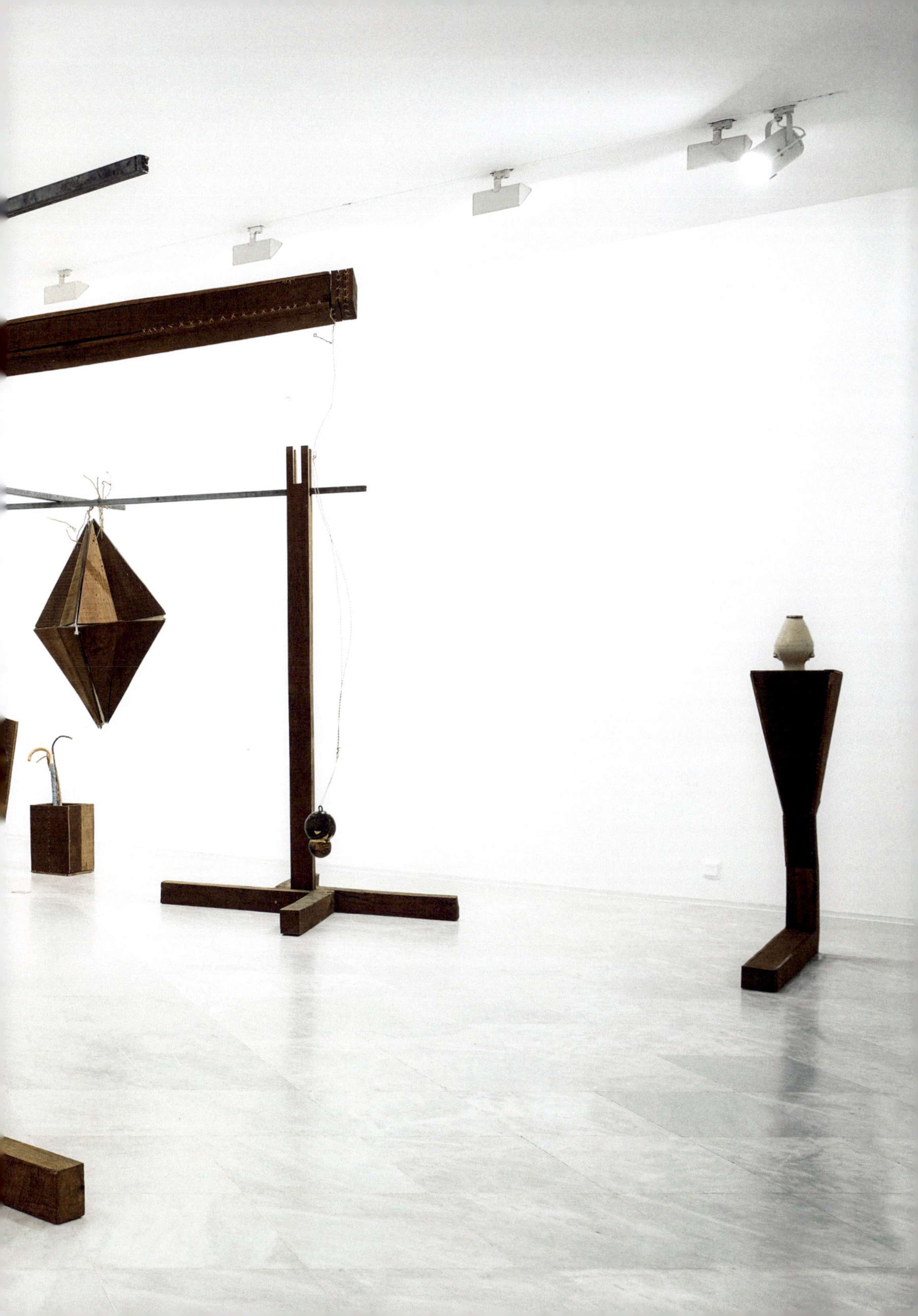

conversación entre joão mourão y luís silva
(codirectores de la kunsthalle lissabon)
y jacobo castellano
*conversation between joão mourão and luís silva,
co-directors of kunsthalle lissabon,
and jacobo castellano*

We would like to think about this conversation as if it was a game. One in which the only possible outcome is a tie, with no winners and definitely no losers. A game in which we feel only the pleasure of being in each other's company in a seemingly unproductive way. Let us be the ones to make the first move. There is a self-portrait as a Rubik's Cube that you made in 2015. Are there as many possibilities or combinations to think about you and your practice as there are combinations in the cube? Do you think of yourself and your work as a puzzle?
It is a cube which I made out of soap and dust which I gradually collected over months of time at my home in Madrid. The dust that we sweep up is made up of our own skin to a large degree, consisting of very minute parts of ourselves. I liked the idea of sweeping myself up and keeping myself inside of a box. Thinking about that piece now, I believe it should be regarded more as a family portrait than a self-portrait, if you bear in mind that it must contain tiny parts of my wife and son, as well. I used that small sculpture as soap for several days to soften it and wear it down. Only when it started to lather away a bit did I decide to fashion it into a Rubik's cube.

Perhaps there is a common thread tying together my way of working and the way one solves a puzzle, or even the Rubik's cube itself. To reveal the picture formed by a puzzle, we are forced to place it onto a table piece by piece. Just one fragment of the full picture leads us to the next, and so on until solving the puzzle in its entirety. I work in much the same way: "solving" a sculpture means making a series of small decisions, linked together in a chain. I can start a work by smashing a piece of wood against the wall. Out of that piece will emerge a set of small splinters. These splinters can be sanded down. If any sawdust is left behind on the sandpaper, the sandpaper may end up forming part of the sculpture, and so on and so forth. It is impossible for me to envisage how a work will end; it all consists of a series of small decisions.

You mention sculpture being a cumulative process of small decisions linked to each other. One decision is not possible without the previous ones having taken place. Does that understanding of sculpture presuppose that this process involves both form and content? Does the narrative of a work embody its coming into the world?
In this process of creation in a chain, I attempt to embed experiences into the materials. It is as if I were giving life events to the future work. I don't know whether you might call it a "biographic construction" of the work through the implementation of the different elements I use. I like to think that, if I violently smash a piece of wood against the wall at the beginning of the process, I am instilling a tragic experience into that material, and only then can we get down to work. While I am constructing the form, I contribute contents and experiences to the work. I gradually make it an autonomous being.

Nos gustaría pensar en esta conversación como si fuera un juego. Uno en el que el único resultado posible es el empate, sin ganadores ni perdedores. Un juego en el que tenemos el placer de estar en compañía del otro de una manera aparentemente improductiva. Seamos nosotros los que hagamos el primer movimiento. Hay un autorretrato a modo de cubo de Rubik que hiciste en 2015. ¿Hay tantas posibilidades o combinaciones para pensar en ti y en tu práctica como caras hay en el cubo? ¿Piensas en ti mismo y en tu trabajo como un rompecabezas?
Es un cubo que realicé con jabón y polvo que fui recogiendo durante meses en mi casa de Madrid. Ese polvo que barremos proviene en buena medida de nuestra piel, son pequeñísimas partes de nosotros mismos. Me gustaba la idea de barrerme a mí mismo y guardarme en una caja. Pensando ahora en esa pieza, creo que debería ser, más que un autorretrato, un retrato familiar, ya que en ese polvo habría ínfimas partes de mi mujer y mi hijo también. Esa pequeña escultura la utilicé como jabón durante unos días para erosionarla. Solo cuando se desgastó un poco decidí convertirla en cubo de Rubik.

Quizá haya algo en común entre mi forma de trabajar y la manera de resolver un puzle o el propio cubo de Rubik. Para desentrañar la imagen de un puzle estamos obligados a ponerlo pieza a pieza sobre la mesa. Solo un trozo de imagen nos lleva al siguiente y así hasta resolverlo por completo. Yo trabajo de forma parecida, la resolución de una escultura supone un cúmulo de pequeñas

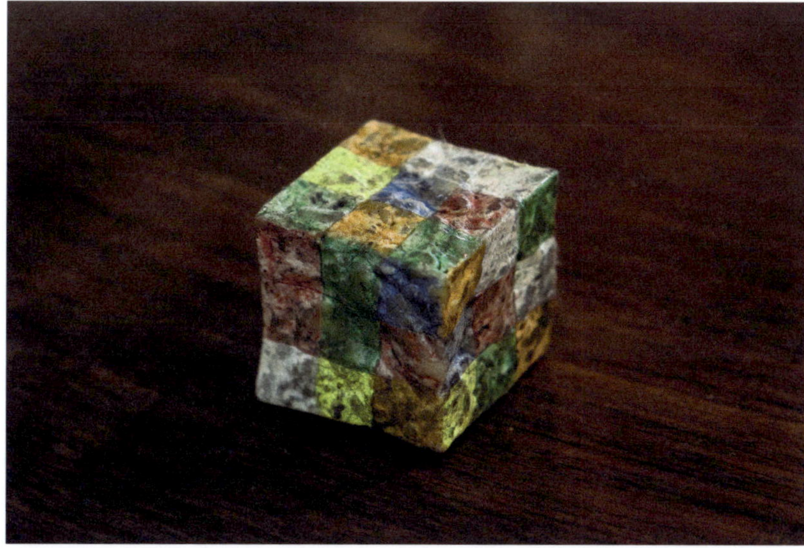

sin título
2015
45 x 65 cm
impresión de pigmentos
sobre papel hahnemühle
ed. 5
*printing of pigments on
hahnemühle paper*
f2 galería, madrid

At the same time, I often add objects that I acquire over time in different places, completing the process I have just described. I think of these objects as if they were elements that contain stories which get added to the work itself.

Those objects' biographies are oftentimes embedded in your own personal biography. How relevant is your personal history to your practice? If we assume many of your works, or even many of your exhibitions, to be a sort of archaeology of memory, what is it that you want to unearth, understand, contextualize and preserve?
An event happened in my life several years ago, which is the key to understanding my relationship with objects, and my own life story.

Some time ago, I returned to my grandparents' home, where I used to spend many summers as a boy. It had been abandoned for years. Some of the walls had

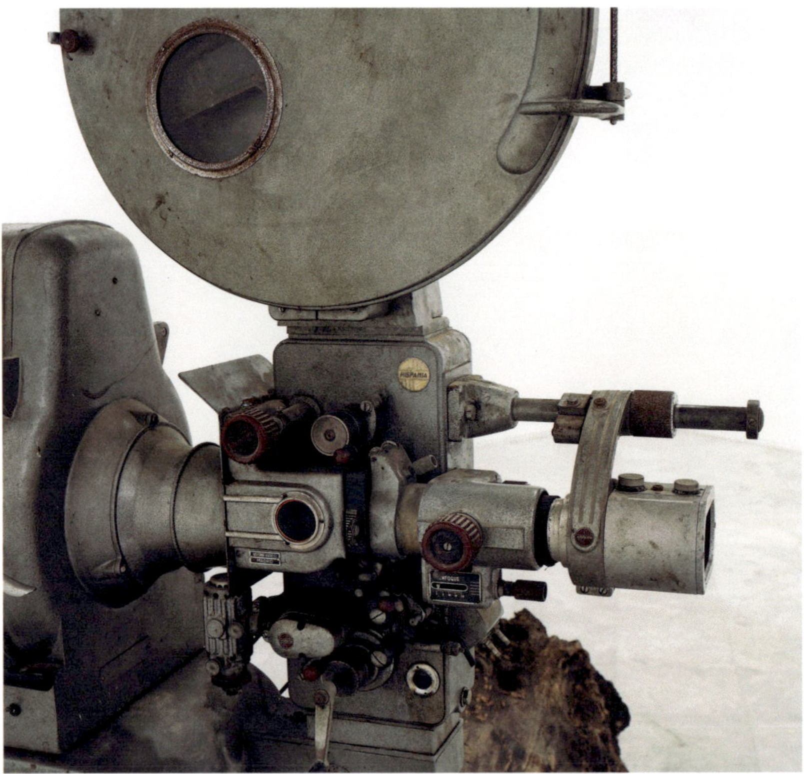

sin título
2018
205 x 267 x 172 cm
(detalle / *detail*)
olivo, metal, pintura
galvanizada, plástico
y caucho
olive tree, metal, galvanized
paint, plastic, and rubber
colección del artista
artist's collection

decisiones encadenadas. Puedo empezar una obra rompiendo un trozo de madera contra la pared. De ese trozo van a salir unas pequeñas astillas. Esas astillas pueden ser lijadas. Si queda algo de serrín en el papel de lija, es posible que dicho papel acabe formando parte de la escultura, y así sucesivamente. Me es imposible visualizar el final de un trabajo, todo es un cúmulo de pequeñas decisiones.

Mencionas la escultura como un proceso acumulativo de pequeñas decisiones vinculadas entre sí. Una decisión no es posible sin que se hayan tomado las anteriores. ¿Esa manera de entender la escultura presupone que este proceso es a la vez forma y contenido? ¿La narración de una obra representa su llegada al mundo?
En este proceso de creación en cadena trato de dotar a los materiales de experiencias. Es como ir aportando vivencias a esa futura obra. No sé si podría hablar de una "construcción biográfica" de la obra a través del trabajo con los diferentes elementos que utilizo. Me gusta pensar que, si violento un trozo de madera contra la pared como inicio del proceso, estoy dotando a ese material de una experiencia trágica y solo entonces podemos empezar a trabajar. A la vez que construyo la forma, aporto contenido y vivencia a dicha obra, la voy haciendo autónoma.

Por otra parte, y de manera frecuente, suelo añadir objetos que voy adquiriendo en diferentes lugares y que complementan el proceso antes comentado. Pienso en esos objetos como elementos contenedores de historias que son añadidas a la propia obra.

Las biografías de dichos objetos a menudo están integradas en tu propia biografía personal. ¿Cuán relevante es tu historia personal para tu práctica? Si suponemos que muchas de tus obras, o incluso muchas de tus exposiciones, son una especie de arqueología de la memoria, ¿qué quieres desenterrar, comprender, contextualizar y preservar?
Existe un hecho, que aconteció hace algunos años, que es clave para comprender mi relación con los objetos y mi propia biografía.

Hace un tiempo regresé a la casa de mis abuelos, donde pasaba muchos veranos de niño. Estaba abandonada desde hacía años, parte de los muros se habían caído y estaba todo cubierto por una fina capa de polvo. Por aquel entonces yo tuve un problema de salud que me impedía utilizar los materiales tradicionales para la práctica artística, tales como óleos, acrílicos, barnices, etcétera; por lo que andaba buscando nuevos materiales que no desprendiesen olores fuertes, materiales no tóxicos.

Di largos paseos por esa casa, observando las sillas, mesas, ventanas, álbumes familiares y objetos que mi familia dejó allí. Era como si el tiempo se hubiese

fallen down, and everything was covered by a fine layer of dust. At that time, I was having health problems that kept me from using traditional materials for producing art work like oil paint, acrylic, varnish, and so forth. As a result, I was searching for new materials that would not give off strong doors, materials that were not toxic.

I took long strolls through that house, observing the chairs, tables, windows, family albums and objects my family had left behind. It was as if time had stood still inside that space. One day, I realized I had all the materials that I was looking for right in front of me. Then I began to tear windows out of the house and make assemblages with them. I would create small, ephemeral sculptures inside the house itself. I remember I would gather up the dust back then, that dust that had to contain traces of my family's skin, as well as bits of earth from the countryside, from the olive trees my grandfather grew, after creeping in through the cracks at the edges of the windows. Just imagine what a wonderful material to work with! That dust was not only a sort of family portrait, but also a sample of the farming activity performed in the area.

In one work which I am presenting at the exhibition in Vitoria-Gasteiz (Sin título, 2019), you can see how I use this dust in my work. I decided to scrub the dust taken from the family home onto the movie projector my grandfather used for years (my grandfather founded the Cervantes Cinema, the town's first) and fix it in place using a spray so that it would remain there forever. That projector is of great importance as an object. Imagine a small town in the province of Jaén, called Villargordo, in the midst of Franco's dictatorship: that cinema helped bring in culture and enliven a population devoted to farming olives with some entertainment. To make you understand what I mean, I do not use the movie projector to create a sculpture. I use everything that projector meant to the society of that era, and I work with the same attitude as my grandfather, who was committed to that endeavour.

Getting back to the house's furnishing, I thought those chairs were impregnated with the family's experiences; those materials were containers filled with stories. And when I would cut one of the rocking chairs in half, I was not cutting wood, but rather hundreds of stories, hundreds of my own stories.

At the same time, I was concerned with observing the chance events that had taken place on objects with the passage of time; it is almost like working in forensic medicine. Those professionals are able to read the marks left behind by blows and strikes to our bones, and they can determine to what degree violence played a role in a murder, for instance. Yes, perhaps I am a failed coroner.

To assess and understand the world around me through objects. To break things, to split stories apart and reconstruct the tales those objects hold within, whether they have to do with my own life story or not. That is the work I do.

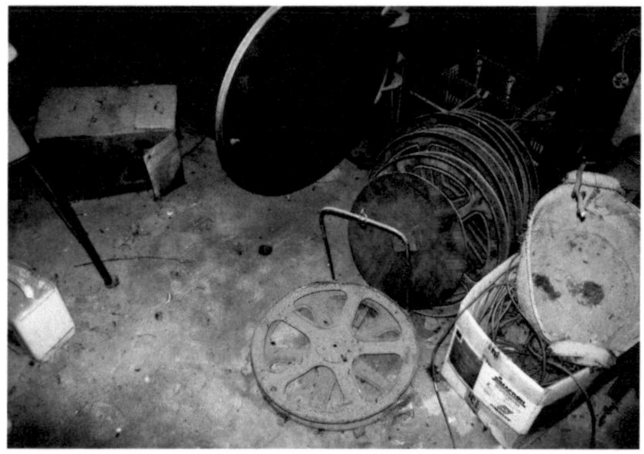

casa villargordo
fotografía en blanco y negro
black and white photography
archivo del artista
artist's archive

detenido en ese espacio. Un día me di cuenta de que tenía ante mí todos esos
materiales que estaba buscando. Entonces empecé a arrancar ventanas de la casa,
a ensamblarlas y a crear pequeñas esculturas de carácter efímero en la misma
casa. Recuerdo que por aquel entonces recogía el polvo, ese polvo que contendría
trazas de piel de mi familia y además albergaría algo de tierra del campo, de
los olivos que mi abuelo cultivaba, que se habían colado por las rendijas de las
ventanas. ¡Imaginaos qué material de trabajo! Ese polvo era no solo una especie de
retrato familiar sino una muestra de la actividad agrícola de la zona.

En una obra que presento en la exposición de Vitoria-Gasteiz (Sin título, 2019)
podemos ver cómo uso ese polvo en mi trabajo. Decidí frotar el polvo extraído
de dicha casa en el proyector de cine que utilizó mi abuelo durante años (mi
abuelo fundó el cine Cervantes, el primero del pueblo) y fijarlo con un *spray* para
que quede allí para siempre. Dicho proyector es muy importante como objeto.
Imaginaos, en un pequeño pueblo de la provincia de Jaén (Villargordo), en plena
dictadura franquista, ese cine ayudó a culturizar y dinamizó el divertimento de
una población dedicada al cultivo de la aceituna. Para entendernos, yo no utilizo
un proyector de cine para generar una escultura, utilizo todo lo que significó ese
proyector para la sociedad de entonces y trabajo con la actitud de mi abuelo, que
se comprometió a llevar a cabo esa empresa.

Volviendo al mobiliario de la casa, pensé que aquellas sillas estaban impregnadas
de vivencias familiares, esos materiales eran contenedores de historias. Y yo, cuando
cortaba una de esas mecedoras por la mitad, no cortaba madera, cortaba cientos de
historias, cientos de mis historias.

Por otra parte, me interesa observar los accidentes del paso del tiempo en los
objetos; es casi como hacer de médico forense. Estos profesionales son capaces

The image of a community gathered around the activity of watching movies during Franco's regime is tremendously powerful. Such an image bears with it the to break away and start anew, something that seems very important in your own practice as well. And it is in the act of breaking, whether with history, with social mores, or with personal relationships or family, that your work distances itself from forensic medicine. Perhaps it lies closer to forensic anthropology than to forensic medicine, don't you think?

I agree with your reflection. My way of working holds a greater resemblance with forensic anthropology, without a doubt. A few years ago, I was with a colleague of my profession, discussing how my work could not be completed in any other way, considering where I was brought up. Although I was born in the city of Jaén, I was brought up in El Realejo, the old Jewish quarter in Granada, just a few yards away from the Alhambra. It is a place filled with historical remains, old Arab water cisterns, clay plumbing which masterfully delivered water to nearly every home. It is precisely in the family home that we carried out reconstruction and unearthed what looked like the mouth of a brick passageway in the courtyard. If I remember right, they were built as escape routes in case the palace complex of the Alhambra were ever attacked. They are relatively common in the neighborhood's houses.

How could anyone ignore that?

But speaking of scientific knowledge, let's talk about the skin, simultaneously the largest organ in the human body and a very central reference in your practice. Your use of skin, by meticulously collecting it as it flakes off the body, a sort of skin dust, seems to signal both a sense of protection of something very fragile, the human body and life, and the failure of that attempt to protect that same body. Is it accurate to say that you are trying to fixate or stabilize the body or the possibility of that body to remain tangible even if it is not material anymore?

That is interesting, because I have never thought of the skin as a protective organ, though it is a form of evidence. I have been thinking about this for days, and all I can say is I have not figured out how to focus in on the idea; I come up with more questions than answers, which is fantastic, because I think that questioning is one of the "driving forces" behind creation.

Let's look at it one step at a time: I admit that I experience a certain pleasure while collecting the dust. Part of it may be used as a sculptural material, but it is amazing to think that we discard a part of ourselves into the garbage can every single day. It is a sort of homegrown purification within everyone's reach.

I wonder whether fixating dust onto an object means placing a protective skin over it. If that is the case, we would have to understand that I consider the objects

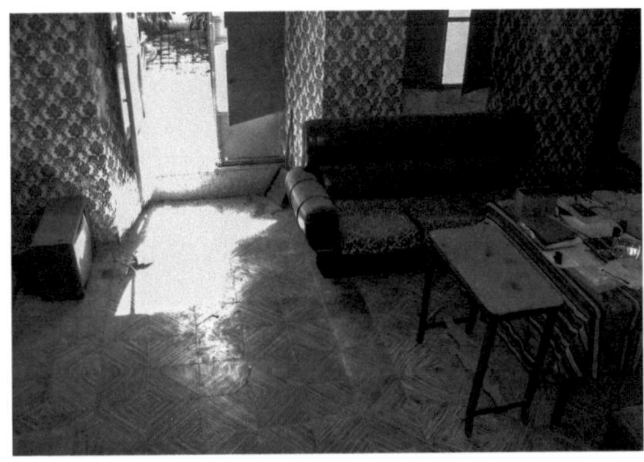

casa villargordo
fotografía en blanco y negro
black and white photography
archivo del artista
artist's archive

de leer las marcas que dejan los golpes en nuestros huesos y pueden determinar
el grado de violencia en un asesinato, por ejemplo. Sí, puede ser que sea un
forense frustrado.

Valorar, comprender el mundo que me rodea a través de los objetos. Romper
cosas, quebrar historias, reconstruir todos los relatos que contienen esas cosas,
tengan o no que ver con mi biografía. Esa es mi labor.

**La imagen de una comunidad reunida en torno a la actividad de ver películas
durante el franquismo es tremendamente poderosa. Esta imagen conlleva
la posibilidad de que ocurra una pausa, que es algo que también parece
muy importante en tu propia práctica. Y es en el acto de romper, ya sea con
la historia, con las costumbres sociales o con las relaciones personales o
familiares, en el que tu trabajo se aleja de la medicina forense. Tal vez está más
cerca de la antropología forense que de la medicina forense, ¿no crees?**
Estoy de acuerdo con vuestra reflexión, mi manera de hacer se acerca más a la
antropología forense, sin duda. Hace años discutía con un colega de profesión
sobre que mi trabajo no podría desarrollarse de otra forma teniendo en cuenta el
lugar en el que me crie. Aunque nací en Jaén, he crecido en el Realejo, el barrio
judío de Granada, a escasos metros de la Alhambra. Un lugar cargado de restos
históricos, aljibes y cañerías de arcilla, que hacían llegar de manera magistral el
agua casi a cada casa. Precisamente en la casa familiar hicimos unas reformas y
surgió en el patio lo que parecía la embocadura de un pasadizo de ladrillo. Creo
recordar que se construyeron como vías de escape en caso de ataque al complejo
de la Alhambra. Son relativamente comunes en las casas del barrio.

¿Cómo obviar eso?

upon which I fixate the dust to be so valuable that I need to protect them. And wouldn't all of this add up to a process of humanizing the object? I don't know.

I also think about the walls of that house in Villargordo, which have now been turned into skin. Some of those walls were knocked down by the passage of time, and now that makes me think about the concepts of vulnerability and protection.

I would like to and need to continue thinking about this theme of protection and humanization of the object, perhaps to provide you with a richer answer. Thank you very much!

Is that humanizing of the object an attempt to emotionally connect to your unconscious? Can your works be understood as ways of connecting to that personal unconscious? We say personal unconscious, but it is never just personal; it is also social and, because of that, it is shared collectively.
I have never hidden the burden held by the emotional facet of my work. I believe it can be felt intuitively in each and every one of my projects. My work is an extension of myself; I have always said that the important one is Jacobo the person, and not Jacobo Castellano. The Jacobo I know is visceral.

Nor can I hide how important intuition is throughout my entire creative process. When I began to work at that house, many questions arose in my mind about how people would understand works so greatly bonded to me and my closest surroundings. It did not take me long to understand that, as we were remarking before, the dust I collected contained particles of many people from the town, after creeping in through the windows. The olive trees were in there, as well! Looking at a handful of that dust, I said to myself: We are all here! And it soothed me, because I understood that my work moves between the closest and the community. We were talking about my need to break away, to break up materials. Who has not felt the need to smash something against a wall? All of us can be found in that act, too.

Allow me to share a personal anecdote with you. The other day, I was invited to give a talk at Artium, and while there I mentioned that I would like for viewers of my work to see attitudes related with "childhood" in it. I remembered the way classrooms were structured during my earliest years at school, from the ages of four to six. We would sit at round desks, which meant we had to look at each other face to face. We could share our play dough by just holding out our arms. We could also steal it. Closeness and contact were important. When someone looks at my work, I would like it if that person could imagine what those classes were like, where we had it all. Soon everything was to change, though. The teacher stood up on a platform and put us all into lines. We were to shut up and listen. All of us can be found there, too.

Hablando de conocimiento científico, hablemos sobre la piel, el órgano más extenso del cuerpo humano y una referencia fundamental en tu práctica. Tu uso de la piel, a través de la recolección meticulosa de la misma a medida que se desprende del cuerpo, una especie de polvo de la piel, parece indicar un sentido de protección de algo muy frágil, el cuerpo humano y la vida, y a la vez el fracaso de ese intento de proteger ese mismo cuerpo. ¿Es acertado decir que estás tratando de fijar o estabilizar el cuerpo o de posibilitar que dicho cuerpo permanezca tangible aunque ya no sea material?

Es interesante porque nunca pensé en la piel como órgano protector, pero es una evidencia. Llevo días pensando en esto y os digo que no tengo clara la manera de enfocarlo; me surgen más preguntas que certezas, lo cual es fantástico, ya que pienso que la duda es uno de los "motores creativos".

Vayamos por partes. Reconozco que experimento cierto placer al recolectar el polvo. Parte de este puede ser utilizado como material escultórico, pero es fantástico pensar que todos los días tiramos parte de nosotros mismos al cubo de la basura. Una especie de purificación casera al alcance de todos.

Me pregunto si fijar el polvo a un objeto no es crearle una piel que lo proteja. Si eso es así, entenderíamos que los objetos a los que les fijo el polvo los considero tan valiosos que necesito protegerlos. Y todo esto, ¿no sería un proceso de humanización del objeto? No sé.

Pienso también en los muros de aquella casa de Villargordo que ahora se han convertido en piel. Algunas de esas paredes estaban derruidas por el paso del tiempo, y ahora pienso en la idea de vulnerabilidad o protección.

Me gustaría y necesito seguir pensando en este tema de la protección y humanización del objeto para quizá enriquecer la respuesta. ¡Gracias!

¿Esta humanización del objeto es un intento de conectar emocionalmente con tu inconsciente? ¿Tus obras pueden ser entendidas como formas de conectarse con dicho inconsciente personal? Hablamos de inconsciente personal, pero nunca es solo personal; también es social y, por lo tanto, compartido colectivamente.

Nunca he escondido el peso que tiene lo emocional en mi trabajo, creo que se intuye en todos y cada uno de mis proyectos. Mi trabajo es una extensión de mí mismo; siempre he dicho que lo importante es el Jacobo persona, no Jacobo Castellano, y el Jacobo que conozco es visceral.

Tampoco puedo esconder lo importante que es la intuición en todo mi proceso creativo. Cuando empecé a trabajar en esa casa me surgieron muchas dudas en cuanto a cómo se iban a entender esos trabajos tan vinculados a mí y a mi entorno más próximo. No tardé en entender que, como ya comentábamos,

Could one say that you are trying to think and stage exhibitions outside of that hierarchical system? How can we escape from the voice that comes with "power" (that voice being the artist's, the curator's or/and the institution's)? No, I certainly feel at ease in the system as it has been established. It would be contradictory to speak about changing it, having held these two exhibitions at the CAAC and Artium. It would be exhausting for me even to try and would take time away from me to think about my sculpture project. Can the system be changed from the inside? I don't know, it could be.

Before beginning this interview, you brought up the idea of a game. A game in which we would gradually construct this conversation, step by step, taking certain answers into account, or not doing so, in order to continue constructing further questions. What we did was establish a set of valid rules for co-existence to be followed by both parties.

My relationship with the curator and the institution is always the same, attempting to make everyone feel comfortable with the project. That is the only

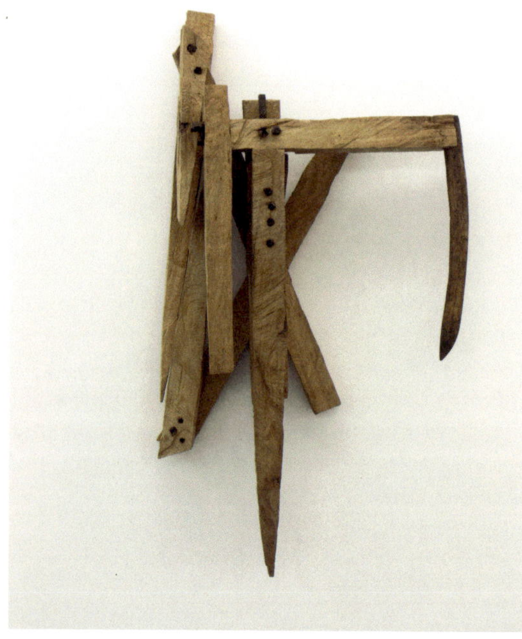

personaje 2
2019
125 x 22 x 63 cm
ébano e iroko
ebony and iroko
f2 galería, madrid

el polvo que recogí contenía partículas de mucha gente del pueblo que se habían colado por las ventanas. ¡También estaban los olivos! Mirando un puñado de ese polvo, dije: ¡Aquí estamos todos! Y me tranquilicé porque entendí que mi trabajo se mueve entre lo más cercano y la colectividad. Hablábamos de mi necesidad de romper, de quebrar los materiales. ¿Quién no ha sentido la necesidad de estrellar algo contra un muro? Ahí también estamos todos.

Permitidme que comparta con vosotros una anécdota. El otro día me invitaron a dar una charla en Artium, y en ella conté que me gustaría que el espectador viese en mi trabajo actitudes relacionadas con "lo infantil". Recordé la estructura de las aulas en los primeros años de escuela, desde los cuatro a los seis años. Nos sentábamos en mesas redondas y nos mirábamos siempre a la cara, podíamos compartir plastilina con solo estirar el brazo. También podíamos robarla. La cercanía y el contacto eran importantes. Me gustaría que, viendo mi trabajo, uno se pueda imaginar cómo eran esas clases en las que estaba todo. Poco más tarde todo cambia. El profesor se sube a una tarima y nos ponen alineados a escuchar y callar. ¡Aquí también estamos todos!

¿Podemos decir que estás tratando de concebir y realizar exposiciones fuera de ese sistema jerárquico? ¿Cómo podemos escapar de la voz que conlleva "autoridad" (la voz del artista, la del curador y/o la de la institución)?
No, ciertamente me siento cómodo en el sistema tal y como está establecido. Sería contradictorio hablar de cambiarlo habiendo realizado estas dos exposiciones en el CAAC y en Artium. Me resultaría agotador intentarlo y me robaría tiempo para pensar en mi proyecto escultórico. ¿Se puede cambiar el sistema desde dentro? No sé, quizá.

Antes de empezar esta entrevista, planteabais la idea del juego. Un juego a través del cual iríamos construyendo esta conversación paso a paso, teniendo en cuenta, o no, unas respuestas para seguir construyendo preguntas. Lo que hicimos fue establecer unas normas de convivencia válidas para ambas partes.

Mi relación con el comisario y la institución es siempre la misma, tratar de que todo el mundo se sienta cómodo con el proyecto; es la única manera de que cada uno demos el máximo de nosotros mismos. Solo así se logran los mejores resultados. Se trata de propiciar unos estados de ánimo óptimos que lleven a cada uno a las máximas cotas de autoexigencia.

Sin duda creemos que se puede repensar el sistema desde dentro, pero también opinamos que la mejor manera de trabajar es esta que mencionas, en la que todos están juntos en el proyecto y se divierten trabajando en él. La idea

way that each of us can give the most of ourselves. Only in that way can we achieve the best results. The idea is to promote optimal moods that lead everyone to reach heights at which they are most demanding of themselves.

We really think it is possible to rethink the system from the inside but, that being said, we also think the best way to work is the way you mention, with everyone remaining together in the project and having a good time working on it. The idea of conviviality is very important to our curatorial practice, as a critical way of acting, and it is always good to find fellow artists who work in that same way. How did you relate to *riflepistolacañon* as both a way of looking back at almost twenty years of production and a way of imagining what your work can become in the future? If this is still a game we are playing, is now the time when you play the anticipation card in order to imagine and produce new work?

It is interesting to see how, throughout this conversation, while paying attention to your questions and assessments, I have been forming images in my head about a potential, peculiar narrative. Allow me to share one of these thoughts with you.

Some people who have had a near-death experience tell an incredible story: they say that they see images of their whole life flash by in the space of just a few thousandths of a second. Their whole life! Just after, they see themselves walking down a dark tunnel towards a bright light to which they feel an irresistible attraction. Something similar has happened to me with this project. It felt as if I were seeing my whole life flash by in a second. I remain very much alive, however, and so I ask myself: now what? Perhaps what this is all about is understanding that I may have made some mistakes at times, but I have not been hopelessly wrong either.

At this point, my life circumstances demand a great deal of energy from me. I have two small children, and I think anyone can imagine what that is like. Curiously, something is driving me to want to take on tasks that are very physically demanding; I don't know if I am somehow trying to do away with the few youthful energy I have left in me. It is going to be a fine method to learn to deal with my own limitations, and why not?

To foretell the future, the best method to use is a crystal ball. However, I have never had the chance to work with glass. It occurs to me that we could sculpt one out of wood, a fine Spanish walnut for instance, and then practice bowling with it. We should imagine, though, that the game is played on a steeply sloped field, so that the ball will always roll back down to our feet. That way we can save energy, and with the breath left in us... well, we can keep on working.

de la convivencia es muy importante para nuestra práctica curatorial, como una forma crítica de actuar, y siempre es bueno encontrar a otros artistas que trabajen de la misma manera. ¿Cómo te has relacionado con *riflepistolacañon* al mismo tiempo como una forma de repasar casi veinte años de producción y como una manera de imaginar en qué se puede convertir tu trabajo en el futuro? Si este es todavía un juego al que estamos jugando, ¿es el momento de jugar la carta de la anticipación para imaginar y producir nuevos trabajos? Es curioso ver cómo a lo largo de esta conversación, atendiendo a vuestras preguntas y apreciaciones, me iba formando imágenes en mi cabeza de un potencial narrativo peculiar. Dejadme que comparta con vosotros una de ellas.

Algunas personas que han estado muy cerca de la muerte narran una experiencia insólita: dicen que en milésimas de segundo ven pasar su vida en imágenes, ¡toda su vida!, y justo después se ven caminando en un túnel oscuro hacia una luz brillante por la que se sienten irremediablemente atraídos. A mí me ha pasado algo parecido con este proyecto, me ha parecido ver pasar toda mi vida en un segundo. Pero yo sigo muy vivo y me pregunto: ¿Y ahora qué? Quizá esto va de entender que, si bien no siempre he acertado, tampoco me he equivocado irremediablemente.

En este momento mi entorno vital me demanda mucha energía; con dos niños pequeños, creo que cualquiera se lo puede imaginar. Curiosamente, algo me impulsa a querer enfrentarme a obras de una máxima exigencia física; no sé si de esta manera estoy buscando acabar con la poca frescura que me queda. Esto va a ser un buen método para aprender a gestionar mis propias limitaciones, ¿por qué no?

Para adivinar el futuro lo mejor es una buena bola de cristal. No obstante, nunca he tenido la oportunidad de trabajar el vidrio. Se me ocurre que tallemos una de madera, de buen nogal español, para jugar a los bolos. Eso sí, imaginemos que la partida se desarrolla en una pista muy inclinada, para que la bola vuelva siempre a nuestros pies. Ahorraremos energía y, con el aliento que nos quede, pues, seguiremos trabajando.

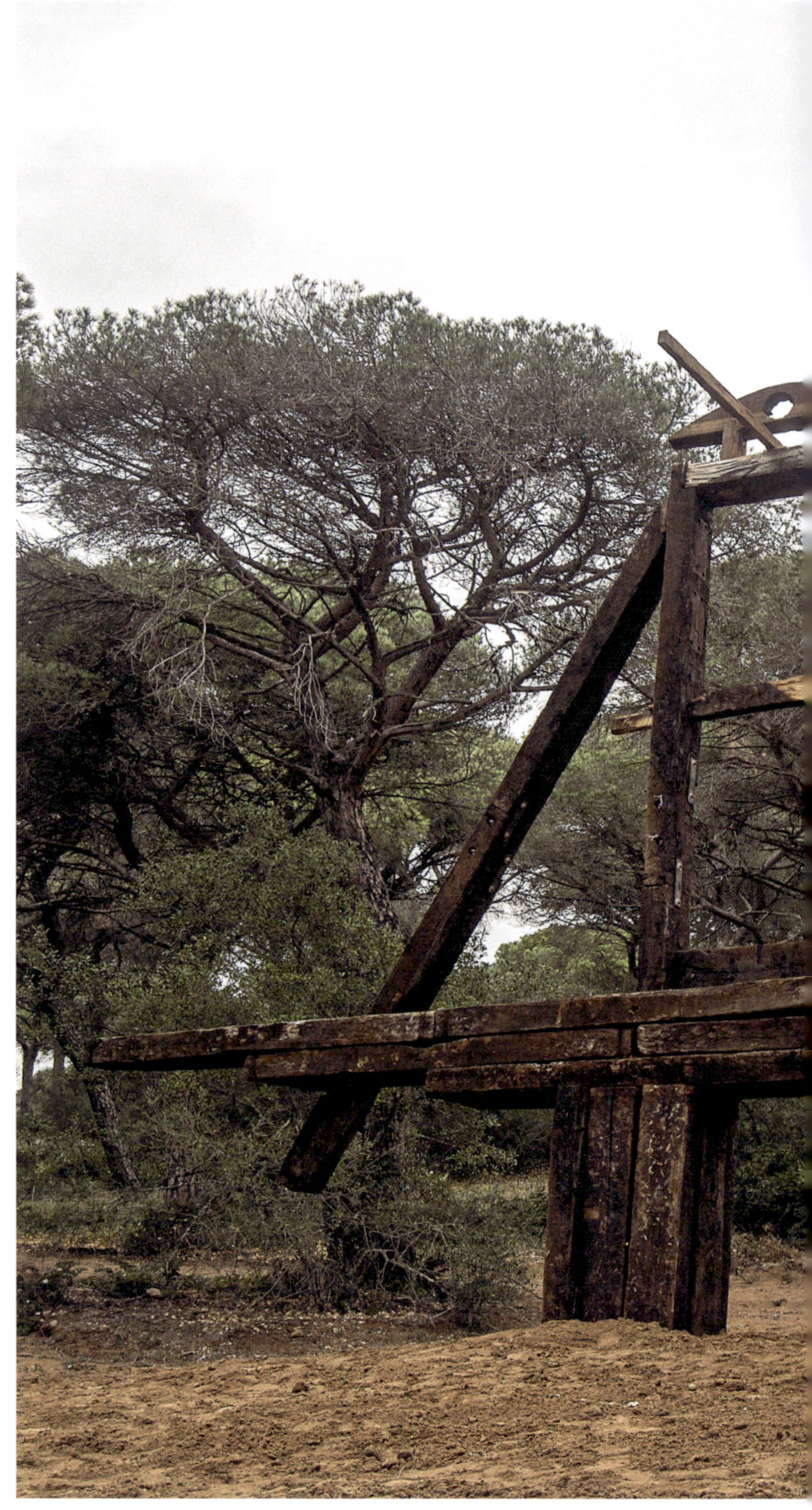

viga madre
2018-2019
585 x 960 x 195 cm
madera, hierro y cerámica
wood, iron, and ceramics
instalación en fundacion
nmac. montenmedio arte
contemporáneo

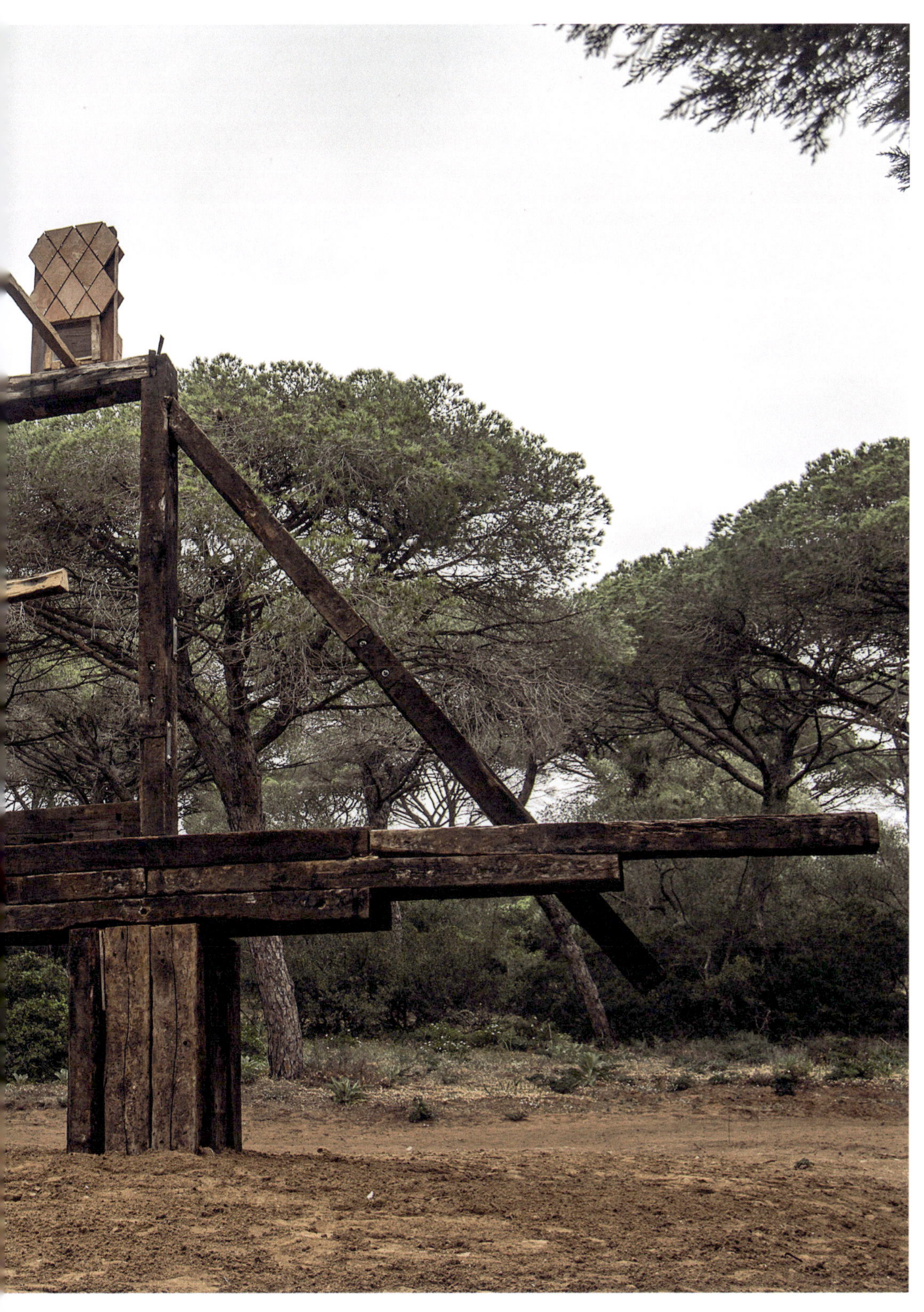

A mi mujer, Susana
A Jacobo y Martín. Sin vosotros nada de esto sería
posible

A Javier Hontoria, por aceptar recorrer este camino
conmigo
A Luis Caballero Martínez, por su clarividencia
A João Mourão y Luís Silva, por haberme ofrecido
la posibilidad de pensar y repensar
A Javi Callejas, por su generosidad y amistad desde
tiempos remotos
A los equipos de Artium (Centro-Museo Vasco
de Arte Contemporáneo, Vitoria-Gasteiz) y CAAC
(Centro Andaluz de Arte Contemporáneo, Sevilla),
especialmente a Beatriz Herráez y Juan Antonio
Álvarez Reyes, como directores
A todas y cada una de las personas de la galería F2
y mai 36 galerie
Por su entrega, a Enrique Tejerizo, Paloma González,
Kike Martínez, Yolanda Egoscozabal, Elena Roseras e
Itxaso Martelo
Por su incondicional apoyo, a Dani Castillejo y Victor
Gisler

A todas las colecciones, públicas y privadas que
de manera desinteresada han prestado sus obras
para darle forma a este proyecto: Colección CA2M,
Fundación Botín, Colección Artium de Álava,
Vitoria-Gasteiz, Colección Kells, Enrique Tejerizo,
Isabel Tejerizo, Norberto Dotor e Isabel Hurley; por
supuesto, a todas las personas que decidieron no
constar. Os tengo en mente

Por último, a todo el equipo de Turner, por su
profesionalidad y paciencia. ¡Gracias!

Jacobo Castellano

To my wife, Susana
To Jacobo and Martin. Without you none of this
would be possible

To Javier Hontoria, for agreeing to travel this road
with me
To Luis Caballero Martínez, for his clairvoyance
To João Mourão and Luís Silva, for having offered
me the possibility of thinking and rethinking
To Javi Callejas, for his generosity and friendship
since ancient times
To the teams of Artium (Basque Museum-Center
of Contemporary Art, Vitoria-Gasteiz) and CAAC
(Centro Andaluz de Arte Contemporáneo, Seville),
especially Beatriz Herráez and Juan Antonio Álvarez
Reyes, as directors
To each and every person in gallery F2 and
mai 36 galerie
For his delivery, to Enrique Tejerizo, Paloma
González, Kike Martínez, Yolanda Egoscozabal,
Elena Roseras, and Itxaso Martelo
For their unconditional support, to Dani Castillejo
and Victor Gisler

To all the public and private collections that
have selflessly lent their works to give shape to
this project: Colección CA2M, Fundación Botín,
Colección Artium de Álava, Vitoria-Gasteiz, Colección
Kells, Enrique Tejerizo, Isabel Tejerizo, Norberto
Dotor, and Isabel Hurley; of course, to all those who
decided not to be included. I have you in mind

Finally, to Turner's entire team, for their
professionalism and patience. Thanks!

Jacobo Castellano

Este libro se ha editado con motivo de la exposición *riflepistolacañon. Jacobo Castellano*, celebrada en Artium, Centro-Museo Vasco de Arte Contemporáneo
This book has been published on the occasion of the exhibition riflepistolacañon. Jacobo Castellano, *held in Artium, Basque Centre-Museum of Contemporary Art*

Comisario
Curator
Javier Hontoria

Conservador de Exposiciones
Exhibition Curator
Enrique Martínez Goikoetxea

Coordinadora de Exposiciones
Exhibition Co-ordinator
Yolanda de Egoscozabal

Coordinador de Registro
Registry Co-ordinator
Daniel Eguskiza

Asistencia a Coordinación
Co-ordination assistants
Scanbit

Montaje
Installation
Arteka

Seguros
Insurance
Zihurko

Transporte
Transport
InteArt

Exposición coproducida por Artium Centro-Museo Vasco de Arte Contemporáneo (8 de febrero al 19 de mayo de 2019) y CAAC Centro Andaluz de Arte Contemporáneo (29 de junio al 21 de octubre de 2018)
Exhibition co-produced by Artium Basque Museum-Center of Contemporary Art (8 February to 19 May 2019) and CAAC Contemporary Art Andalusian Center (29 June to 21 October 2018)

Coordinación editorial
Editorial Coordination
TURNER

Textos
Texts
Javier Hontoria
Luis Caballero Martínez
João Mourão
Luís Silva

Diseño
Design
Inés Atienza

Traducción al inglés
Translation into English
Douglas Prats

Traducción al euskera
Translation into Basque
Maria José Kerejeta Sarriegi

Fotografías
Photographies
Javier Callejas

Producción
Production
Artes Gráficas Palermo

© de la edición
of the edition
Artium / Turner, Madrid, 2019
© de los textos y las traducciones
of the texts and translations
sus autores /
their authors, 2019
© de las imágenes
of the images
Jacobo Castellano, 2019

ISBN 978-84-17866-00-6
DL M-11301-2019

Distribuido por
Distributor
TURNER
www.turnerlibros.com

España
Spain
Machado Grupo de Distribución
machadolibros@machadolibros.com
www.machadolibros.com

Latinoamérica
Latin America
Océano
info@oceano.com
www.oceano.com

EE UU
USA
DAP
orders@dapinc.com
www.artbook.com

Europa
Europe
ACC
sales@antique-acc.com
www.accdistribution.com/uk

javier hontoria
hautsez betetako bizitzaren zokoak. jacobo castellano

Bizitza lanbide[1] egunkari ezagunaren lehen sarreretako batean, Cesare Pavesek galdetzen du zergatik ezin duen berak harkaitz gorri ilargitarrei buruz jardun. «Bada, ez dutelako ezer nirerik isladatzen, poema sekula zuritu behar ez lukeen sentimendu paisajista ahula ezpada. Harkaitz hauek Piemonten baleude, bai, jakingo nuke irudi batean zurgatzen eta esanguraz hornitzen. Horrek esan nahi du, beraz, harremanen balioaren kontzientzia iluna dela poesiaren lehen oinarria; harreman horiek, biologikoak agian, irudien bizitza larbatua bizi dute jadanik kontzientzia prepoetikoan». Nahikoa da Jacobo Castellanorekin minutu batzuez hizketan aritzea ulertzeko zein berea den eraikitzen duen mundua. Egungo artearen paisaian, non indar handia baitu klixeetan eta parametro estetiko zurrunetan taldekatzeko joerak, artista jaendarraren lanak askatasun adina zorroztasunez du aipagai bizitakoaren memoria, norbanakoaren erregistro adina onarpen korala den esperientzia. Espainian, gero eta artista talde handiago batek itzultzen ditu begiak urte hauetan historiara eta gure herriko artera, gure nortasun kulturala definitzen duten ezaugarriak arakatzeko lehia berriz. Agian globalizazioak eta teknologiak eragiten duten betekadagatik, edota krisi ekonomikoak ekarritako hondamenagatik, jarrera estetiko ugarik landa istorioen soiltasuna berreskuratzeko apustua egin zuen tinko, estutasun materialarekiko zaletasun irmo eta nabari baten bidez. Gaur samalda den artista talde hori espainiar artearen antzokian agertu zenean, Jacobo Castellanok urte asko zeramatzan hor, ilargitar harkaitz gorriekin zerikusirik izan gabe eta norberarena nabarmentzen duen guztiaren miaketarekin loturik.

Artista horien lanak ez bezala, Jacobo Castellanorenak itzuri egin dio espainiar artearen historiako gertaera jakin batzuk behin eta berriz aipatzeari. Haren baliabidea memoria zen, eta hala da oraindik ere; handik etxeko patuz eta letra txikiz idatzitako istorioz nahastutako haurtzaro batera garamatza, zizakadurarik gabe. Horrek ez dio eragozten taldearen intereseko gaiak —esate baterako Aste Santuko jaiera edota aitonak Jaéngo Villargordo herrian kudeatzen zuen zinemak bizilagunengan zuen eragina— edota gertaera pertsonal txikiena aipatzea («esne trago txar bat bezain txikia» idaztera nindoan, baina esnearen kontua ez da inondik ere hutsala, artistaren bizitza osoa baldintzatu baitu, ikusiko dugunez). Ohikoa denez, familiaren etxean sortzen dira haurtzaroko istorioak, zokoak estaltzen dituen hautsean, urteetan toki berean dauden altzari eta tresnetan. Etxearen zatikako oroimenak gordetzen ditu Jacobok, eta zati horien bilaketan eta ondoren datorren kudeaketan doa eraikiz haren lan guztia.

Vitoria-Gasteizko Artium Museoko areto bikainetan tiobibo bat dakusagu (*Casa*, 2004-2005), hasierako beste artelan batzuen aldamenean harmonikoki instalatua; baina Fúcares galeriaren erdiko aretoan lehendabiziko aldiz erakutsi zenean, Jacobok Madrilen egin zuen lehendabiziko bakarkako erakusketan, tiobiboak handiegia zirudien aretoaren aldean. Eta gure aldean, berriz, miniatura bihurtua. Gaur egun, hamabost urte geroago, ez naiz gai orduko arroztasun sentipen bera ez den beste ikuspuntu batetik ikusteko. Monumentaltasun bitxi batean agertzen zaigu tiobibo hori, non motiboaren biribiltasuna eta denboraren iraganak moztutako gorputz-adarrek (bizikleten pieza solteak) eragiten duten osatugabetasun giroa elkarren aurka baitaude. Zatiekin, auskalo nork eta auskalo zein asmorekin irudi erantsiak dituzten egur zatiekin egina, iragandako denbora bat azaleratzen dute argi eta garbi, eta, aldi berean, oroimenaren esker onetik baino tragikotasunetik hurbilago dagoen sentimendu bat izerditzen dute, halakoa da haren formen heterogeneotasun doilorra. Garai horretako beste artelan batzuetan bezala, Jacobo Castellano deseraikitze eta berreraikitze ariketa bat burutzera joan ohi zen haurtzaroko etxera eta auzoko beste batzuetara. Berreraikitzearen baitan baldin badago bizitakoaren memoria berregin ahal izatea, indarkeriazko joko gisa ulertzen da deseraikitzea,

haurrak jostailua ulertu ahal izateko menderatzen duen amorrua gogorarazten baitu inoiz familiaren giroa eratu zuten elementuen banaketak.

Orain hamarraldi bat baino gehiago Salamancan egindako erakusketa baten inguruan argitaratutako katalogo txiki batek idatzi multzo bat jasotzen du, haren ekoizpenean material bitxia, ez baita bere burua hitzen bidez adierazteko ohitura duen artista bat. Han tiobiboaz mintzo da, eta jostailu oro erabiltzeak eta hartaz gozatzeak berekin dakarren indarkeria inplizitua ere aipatzen du —«Jostailua nirea da», dio, igota dauden zalditxoaren jabe direla uste duten haurrak imitatuz— eta gozo-eltzeak aipatzen ditu, bere lan multzo nagusietako bat, liburu honek lagun egiten dien bi erakusketek erakusten duten bezala; *riflepistolacañon* da bien izenburua, inondik ere argigarria. Kalean aurkitu zuen marrazki bat du artistak aipagai, haur batek egina, non arma multzo bat agertzen den, gerra-artxibo xalo baten eran. Gure izenburua osatzeko erriflea, pistola eta kanoia elkarrekin kateatzen diren modua ez da garrantzirik gabea. Halako zizakadura bat dakar gogora, marrazkia egin zuen haurrak hizkuntzaren zorroztasunak ezagutu aurretik jabetu izan balitz bezala armen existentziaz. Hori da hirurak hitz bakar batean —ahoskatu baino gehiago jaurtia— elkartzearen eta ortografia-huts ageriaren arrazoia.

Gera gaitezen pixka batean Vitoria-Gasteizko tiobiboaren aretoan. Han daude aipagai dugun hau ulertzen laguntzen diguten beste bi pieza ere. Forma zuri bitxi bat, hobeto esanda, bi, lurrean etzanda daude. Arretaz begiratuz gero, inoiz objektu bakarra izandakoaren bi erdiak direla ikusten da, zuriz margotutako *papier-mâché*zko zaldi baten bi erdiak, hain zuzen ere. Ez da zaila asmatzen, Jacoboren lana inguratzen duen indarkeria hori guztia kontuan izanda, zer gertatuko zitzaion itxura batera animaliatxo atsegin eta kaltegabea dirudien horri: jipoitu eta goitik behera zabaldu izango dute. Gozo-eltze bat apurtzeko keinu bortitzaren ondorioa sari bat izatea interesatzen zaio Jacobori, herriko jaietan perdigoiak jaurtiz ere sariak lortzen genituenean bezala, gurasoek txaloka adoretuta. Badago halako lilura bat ospakizun-erritu batzuen indarkeriarekin lotuta..., eta baita etxekoak izan eta atzean ezkutuko gatazka bat gordetzen dutenekin ere.

Goitik behera zabaldutako zaldi hau bizitakoaren oroimen tenkatua da, baina baita 2004ko *Corrales* haietatik hona (Saharan egindako argazki multzo bat, non ikusten baita bertako jendeak nola egiten dituen ahuntzentzako aterpeak metal, paper eta oihal zatiak erabiliz, hau da, desertuko eguraldiaren zakartasunetik babesteko balio duen edozer gauza) hain garbi ikusten dugun «nonbait bizitzea»-ren ideiaren aipamen bat ere. Zaldi horren bi zatietako bakoitzak bere bideari jarraitu dio, bereizi ondoren. Erdietako batek etzanda jarraitu zuen; bestea, berriz, zutik jarri zen, X itxuran gurutzatutako bi hagaren gainean bermatuz. Bizitzeko moduko espazio gutxi-asko zehatzak hazten ikusi zituzten biek beren erraietan. Etzanda geratu zen zatiaren barruan baso bat esne sartu zen, mutil gaztearengan konbultsio-erreakzio bat eragin zuen intoxikazioaren aipamen garbia; dudarik gabe, esperientzia ahaztezina. Traumaren arkitekturak, jolasaren indarkeriaren esparruan kokatua, hasieran bereizi ondoren Vitoria-Gasteizen berriz elkartzen den lan bat definitzen du, bi piezak bata bestearen ondoan baitatza orain, Jacobo Castellanok —oroitzapenen izaera harikorra nabarmentzeko— hizkuntzak eta estrategiak berriz lantzen dituen moduaren adibide garbi bat emanez.

Tiobiboa eta zaldi zatikatua zintzilik dauden aretoaren sabaitik dilindan dago bizikleta zahar baten piezekin egindako halako mugikari bat ere. Gaur egun Artium Bildumaren parte da eta Jacobo Castellanok bere ibilbidearen hasieran egin zuen lan handi haren, *Casa I* goraipatuaren, lehengusua da, lehendabiziko aldiz Arte Garaikidearen Nazioarteko Azokaren (ARCO) 2006ko edizioan aurkeztua. Pieza biak, hala formaren nola jatorriaren aldetik oso kideak, etxeko elementuak, bereak eta besterenak, deseraiki eta ondoren berriz berreraikitzeari men egiten diote, *assemblage* heterogeneoan. Ate eta leihoen markoak, argazki zintzilikariak, gerrikoak, habeak, lanpara-zatiak, argazki-marko modu ulertezinean galkatuak... Multzoa oreka miragarrian altxatzen da, Artium Bildumako pieza beti bere lekuan biraka dagoen eran, bizitakoaren gure inpresioek jasaten dituzten etengabeko eraldaketak aipatuz bezala, haietaz dugun pertzepzioan beti aldaketak gertatzen direla.

Berriro itzuliko naiz deseraikitzearen eta berregitearen ideia honetara, Jacobo Castellanoren

lanaren garapenean garrantzitsuenetakoa den kontuetako bat aurreratzeko. Bere ibilbideak gero eta homogeneizazio handiago batera eraman du, osagai formalen kontzentrazio batera, sintesi ariketa batera. Zeregin hedakorra, nahiko zaratatsua, edota zatiaren gorespena funtsezko argudio formalak izan ziren bere garaian, memoria zehaztugabe eta zatikatu baten aldarrikapenak. Urteek eta, haiekin batera, heldutasun fidagarri eta kontziente batek, intuizioaren balioaren baieztapen zehatz bihurtu dute artistaren lana, gaur egun diskurtsoaren eta hizkuntzaren gainetik dagoen lanabes bat, eta materialaren trataera eta materiaren eta objektu disonanteen arteko harremana zehazten dituena.

Duela gutxiko pieza batek —lehendabiziko aldiz Sevillan aurkeztua eta Vitoria-Gasteizen ere badagoena— harridura sortzen du bere elementuen arteko desadostasunagatik (eta bi baizik ez dira, aipatzea komeni da), aurreko lanetako metaketa sutsuaren aurrean. Proiektagailu handi bat da, artistaren aitonak Villargordon izan zuen zinematik hartua. Herri hartan ematen zituen familiarekin andaluziar uda beroak. Proiektagailu handi hori olibondo enbor erraldoi batean txertatu da, hori ere herrikoa. Emaitza, berriz ere arroztasun sentipena eragiten duen multzo bat da, bai, baina aldi berean esanahiaren funtsezko eramaile gisa aitortzen du norberarena. Orain, bere gainean proiektagailu handia hartzeko, etzanda dagoen olibondoaren enborrak katu itxura du, eta nabarmena da haren mugimenduaren eta gainean duen proiektagailuaren estatikotasunaren arteko tentsioa. Haren aldamenean, egur-mokor batean kontu handirik gabe zizelkatutako izar arinki margotu batek distira bat iragartzen du biziki, agian zinematografoa aipatuz, agian desberdina, enigmatikoa dena, pelikula bakoitzak herriko bizilagunei eskainiko zizkien ezusteko guztiak aipatuz.

Motrilgo zinema zahar batetik berreskuratutako bi eserleku zintzilik daude, nahiko behean, oraindik erabiliko balira bezala, piezaren atzean. Eszena bitxia da, amaitu gabea bezala (ezin dut ukatu Pepe Espaliú-ren lanean hainbeste agertzen den zer zatikatu eta doilor hori gogorarazten didanik). Jacobok behar bezala finkatu du estaltzen dituen hautsa. Ez da metatutako denboraren adierazpen huts bat, baizik eta baita gorputza desegitearen sintoma ere. Gure parte bat, esan ohi du sarritan Jacobok, familiaren etxeko txoko bakoitzean aurkitzen da, eta artistak askotan erabiltzen du hautsa, materia bihurtuz, behin izan zen gorputzaren ukigaitasuna nabarmentzeko. Haren argazkietan agertzen diren irudi batzuk bezain harrapaezina da. Argazki horiek modu konbentzionalean zintzilikatuta ikus daitezke, frisoan, esate baterako *Álbum* seriea, edota aipatutako *Casa I*-ren inguruko piezen mugikarietatik zintzilik, irtenbide formal harrigarria, nire ustez. Denboraren iraganak erdi ezabatutako irudiak agertzen dira argazki horietan, ia hauteman ezinak, egiaztatutako ez egote bat.

Kontatzeko borondate bat lotzen dugu Villargordoko zinemarekin, bertako istorioak aurkeztekoarekin. Piezak osatzen dituzten objektuek kontatzeko gaitasuna dute berez. Kontua ez da jada, hainbeste, zatia entitate dislokatu, sakabanatu, hasierako piezak eratzen zituzten oroimenaren txatal gisa agerian uztea. Objektu mota batzuek eta besteek, elkarren artean ikaragarri desberdinek (tiragomak, larruzko gerrikoak, adreilu-zatiak, ehiza-apeuak, erlijio-irudien gorputz-adarrak, alkandora-lepoak, limosna-eltzeak, boloak botatzeko bolak...), herriko istorio txikiak dakartzate gogora, nahiz pertsonalak, nahiz taldearenak. *Paso* ezagunean, andaluziar jendea halako gogoz murgiltzen den Aste Santuko «pauso» bat gogorarazten duen zurezko egitura handi batean, zilarrezko paperez egindako bola batzuek lepakarien ogitartekoen bilgarria dakarte gogora; beste lan batean, hori ere zintzilikaria, bi zurezko erronbo daude mantal zahar hautseztatu bati erantsita, gure telebistaren izkinan agertzen zirenen antzekoak, debekuaren sinboloak, gurasoei haurrak ohera bidali behar zirela gogorarazten zietenak. Istorio handi eta txikiek, debozio kolektibo sutsu horrek edota etxeko istorio txikiek, garrantzi bera dute Jacoborentzat.

*

Jarduera artistikoek gaur egun jasaten duten objektibotasun-zamaren aurrean, Jacobo Castellanok —esan dugu lehen ere— intuizioari heltzen dio, metodo gisa. Intuizio horrek bizitako esperientzian du jatorria, eta materiala menderatzean. Hasiera batean instalazio gehiago egiten bazuen ere,

eskultorikoagoa bihurtu da orain, nahiz eta joera berriena —Sevillako Centro de Arte Andaluz Contemporáneo-ko (CAAC) erakusketako azken aretoan eta Vitoria-Gasteizko Artiumen erakusketako sarreran ikusi den bezala— irudi gutxi-asko antropomorfoak multzo handitan biltzea izan.

Personajes deiturikoez mintzo gara. Azken hiru urteotan eginak, zurean egindako lanean dute abiapuntua, eta horri han eta hemen aurkitutako piezak erantsiz joaten da, edota, hobeto esanda, bilatuak, haren lanean *object trouvé* delakoak ez baitauka gehienetan hitz horri eman ohi zaion esanahia, ustekabeari lotua. Narrazioak eraikitzen lagun dezaketen elementuen bilaketa kontziente bat da Jacoborena. Objektu horiek era askotako testuinguruetan erosten ditu, nahiz bigarren eskuko azoketan, nahiz Interneten. Badago irudi handi horietan arrasto antropomorfo bat, zangoak gogorarazten dituzten gurutze moduko formak, askotan metal-harizko matazek koroatuak. Materialaren homogeneizazio eta espezifikotasun gero eta handiagoak ez du lan-prozesua ezkutatzen, zurezko pieza era baldarrean mihiztatuak elkartzen dituena, nahita bezala itxura narras eta zikin bat bilatuz, diseinuaren txukuntasunetik urrun. Pertsonaia sendo eta mardul horien haragiaren toles zakarrek materiaren ikuskapen bat iradokitzen dute, eta ez da zaila haietan —interpretazio hori zilegi bazait— artistaren beraren gorputza ikustea, kontatzen duen, esaten duen gorputz bat, betiere hari —batzuetan modu harrigarrian— eransten zaizkion bilatu eta aurkitutako objektuen bidez.

Pertsonaia horiek, multzo handitan elkartuak, oso era desberdinean erakutsi ziren bi erakusketetan, eta duela gutxiko beste serie batekin erakutsi ohi dira, planteamendu formaletan hurbila, baina kutsu antropomorforik gabe, testu honen hasieran aipatutako gozo-eltze haien jolasa gogora ekarriz. Gozo-eltze horiek halako egitura arkitektoniko bat dute, metalezko haga lodiei eusten dieten zurezko habe handiekin. Haietatik zintzilik eraikitako eta erositako objektuak, elkarri grapatutako zurezko xaflen bidez egindako eskopeta erraldoiak (grapa behin eta berriz agertzen hasi den elementua da); ardo-bidoi handiak, alanbreetatik zintzilikatutako pitxer-zatiak... Giroa eszenografikoa da argi eta garbi

eta oreka, berriz ere, ezegonkorra: batzuetan ziriak sartu behar izaten dira multzoa finkatzeko.

Zurezko egitura handi horien erabilerak aurreko lan multzo baten keinuak ere badakartza gogora, Herri tradizioko jai-giroko Francisco de Goya-ren kartoitik abiatuta egindako *Peleles* ezagunena, hain zuzen ere. Jacobok, espero izatekoa zen bezala, halako indarkeriazko giro bat eransten dio kontuari: burua, enborra eta gorputz-adarrak elkarrengandik bereiztea eta erauzitako elementuak erortzen diren indarra. Bizirik dirau piltzarraren ideiak, zuren atzeko aldea estaltzen duten oihalekin, haragiaren gorpuztasuna nabarmenduz bezala. Bi *pelele* handi zeuden zintzilik Sevillako CAACko areto garaietatik behera, haren erdiko guneko tximinia altu-altuen ondoan, eta beste bat, Vitoria-Gasteizen, zinbrien horizontaltasunarekiko kontraste nabarian. Haien aurrean, mutikoaren astinaldiaren lekuko gara, baina erorikoak azken judizio baten drama bertikala gogorarazten du, aldi berean.

Amarruaren eta pikarokeriaren aipamenak daude, hain espainiarrak biak, Jacobo Castellanoren lan osoan. Gorputz zatitu bat antzematen den objektuetan Espaliú badatorkigu gogora, ezin dugu alde batera utzi Juan Muñoz-en, gure arteko beste iruzurgile horren, eragina. Duela gutxiko pieza multzo batek hatza eta eskua bereizten diren jokoak gogorarazten ditu. Ebano zur ilunezko paralelepipedoen bidez osatutako blokeak dira, zeinetan hatzaren bereiztea sumatzen baita. Jokoaren giro atseginari giro konstruktibista eta abstraktu batek lagun egiten dio, gai eta objektu antagonikoen teilakatze arruntak ohituta gauzkana baino zurrunago eta artikulatuagoak. Idulki zuri akasgabeen gainean altxatzen dira, haren lanean txit gertaera bitxia, esperientziaren berotasun ludikoa goratuz bezala eta, aldi berean, eta hemen datza paradoxa, formaren araztasunaren inguruko gogoeta ezezagun eta solemne bat bilatuz.

Ez da harritzekoa izango, beraz, pieza beltz horiek komentuko ate birakari baten giro ilunean agertzea Vitoria-Gasteizen. Jacobok berariaz egin zuen Arabako erakusketa honetarako horma zuri handi baten erdian —zeinean harlanduak baitaude marraztuta anil-hautsez (anil-hautsa esaten diogu

eraikuntzan lerro zuzenak marrazteko erabiltzen den hautsari) ate birakari itxurako egitura bat, klausurako komentuetan gauzak eta afektuak trukatzeko espazio gisa interpretatu behar duguna. Zuren eta oihal zatien artean beste aldeko espazioa sumatzen dugu, eta inoiz baino gehiago antzerkia gogorarazten duen argiztatze batera ohitu behar dugu.

Lerro hauek idazten ari naizela —badira aste batzuk ziklo hau ixten duen erakusketa inauguratu zela— Jacobo Castellanok bere lehen sarraldia egin du eskultura publikoaren esparruan. Testu hau irakurri ondoren, arazo handirik gabe onartuko dute askok ez dela biribilgune bat izango, ezta enpresa korporatiboaren munduaren ospakizun bat ere, eta ezta ilargitar harkaitz gorrien irudikapen interesatu bat ere. Usotegi bat besterik ez da, zurezko zutabe txit boteretsuen gainean altxatutako egitura erraldoi bat, Gibraltar-eko itsasartea gurutzatzen duten hegaztientzako lehen geraleku gisa eskaintzen dena. Hori da, funtsean, Jacobo Castellanoren eginkizuna, bizitzako zoko-moko ugarien miaketa prosaikoa.

—

1 Jatorrizko izena *Il mestiere di vivere. Diario 1935-1950*. Itzultzailea: Maite Lopetegi. https://www.armiarma. eus/unibertsala/pavese/. Hortik hartua da ondoko aipamena.

luis caballero martínez
jolas amaigabea (bildumagile baten oharrak)

Ongi oroitzen naiz Jacobo Castellanok Madrilgo Fúcares galerian 2012an aurkeztu zuen *Dos de pino* erakusketaren bisitaz. Ezagutzen nuen zerbait haren ordura arteko lana (instalazio batzuk, «Saharako eskorta» haiek, oinetako gillotinatuak...), baina ez nekien gehiegi haren asmo artistikoaz, eta ez nuen gainera zuzenean ezagutzen. Gogoan ditut izenburu goieskodun behin-behineko objektu haiek (*Bebedores 1,2...*, *Pelele, Sin habla, Postura, Malos tiempos, Ya son ganas, Dos de pino*, eta abar), landugabeak eta sotilak aldi berean, umore garratz bat eta seriotasun ilun bat zeriela. Guztiak elkarren artean desberdinak, eta, guztiak, familia-eite nahasezin bat zutela, diorama biografiko lehor eta irmo batetik baletoz bezala, bizitasun harrigarri batekin atereaz. Haietako bakoitzak ulertzeko gonbidapena luzatzen zuen eta, aldi berean, aurka egiten zion ulertzen uzteari. Izenburuez harago, laguntza gutxi zegoen ikuslearen lana errazteko. Interpretatzen hasiz gero, alegoria hautsien bilduma hark pertsona edo gauza desagertuen (inoiz izate materialik izan bazuten) erreskate bitxi bat ematen zuen, zeinen arrasto espektrala berreskuratzen saiatzen baitzen orain artista, ia frenetikoki. Multzo osoa edertasun eta koherentzia handikoa zen. Bisitaren emozioa trinkoa eta artegatzailea izan zen. Oharrak hartu ohi ditudan koaderno batean, egun hartan zera idatzi nuen: «ezegonkorra», «mimetikoa», «jolasa», «denbora galdua», «barregarria» (oraindik ez nituen ezagutzen Jacoboren barre-algara handi horiek). Erakusketa amaitzear zegoen, eta gogokoen nuen pieza, saldua.

Lehendabizikoen artean iritsi nintzen ordea 2015eko *Homo ludens* erakusketara, Madrilgo F2 galeriara, ia inaugurazio egunean, eta sartu eta berehala eskuinean ikusgai zegoen *Pelele* goieskoak (lehen begiratuan «gurutzetik eraiste» bat iruditu zitzaidan) ikusi bezain laster harrapatu ninduen. Igotzen ari zen zerbait

jaisten ikusteak zer pentsatua eman zidan, arte garaikidean gertatzen den sortzailearen asmoaren eta ikuslearen pertzepzioaren arteko ezinbesteko desberdintasunei buruz. Baina orduan, erakusketaren izenburuak eta piezek (oreka ezegonkor haiek, airean jauzi egiteko prestatutako txotxen muntaia monumentalak...) argi eta garbi adierazten zuten jolasa zela, jostailuak zirela. Jacoboren beste lan batzuk bezala haiek ere serioak eta astunak iruditu zitzaizkidan, baina baita alaiak eta are irrigarriak ere. Objektu haietan —era berean korroilduak edo osatugabeak, aldi berean hauskorrak eta erabatekoak, baina beti bezain bikainak— berreskuratutako denbora bat eta toki bat azaleratzen ziren ludikoki, hezkuntzaren zorroztasuna, haurtzaroaren sua eta oldarra.

Jacobok aurkitutako haur-marrazkiko neologismoa «riflepistolacañon» Sevillako CAACko eta Vitoria-Gasteizko Artiumeko erakusketei izena ematen diena, haren lanaren ezinago enblematikoa da. Ezinago zehatza eta ezinago dibertigarria. Distira betean harrapatzen eta laburbiltzen du haurren jakin-nahi etengabea, haien jolasteko eta dibertitzeko beharra, sailkatzeko zorroztasuna, ulertzeko eta menderatzeko gogoa, indarkeriarekiko lilura. Uste dut Jacobo Castellanok eta Javier Hontoriak —bi erakusketen komisarioak— hitz berri horrekin izendatu nahi izan dutela Jacoboren karrera erdiko berrikuste hau, jolasa haren bizkarrezurra dela uste dutelako (beste batzuek nabarmenduko dituzte beste gako batzuk erakusketa zabal eta hain ongi taxutu hauetan).

Lehentxeago ikustera joan nintzen Amerikako arte-azoka batean maitemindua nintzen jada herriko etxeko katazulodun ate zahar horretaz, Jacobok zerrarekin txartel-leihatila bihurtuaz, eta baita aitonak Jaéngo Villargordon bere ardurapean zuen zinemako neoi-argiaz ere (esan dezadan, hasiera batean, picassoar oilar baten gandor ektoplasmikoa ere iruditu zitzaidala, hara zein bihozgabeak diren bildumagile batzuk). Pieza horrek hobeto ulertzen lagundu zidan haren *modus operandi* delakoa. Eta Sevillako eta Vitoria-Gasteizko erakusketetan bete-betean hunkitu nau berriz ere aitonaren zinema proiektatzeko makina erraldoi haren presentzia kutunak. Ez dago zinema-kontzientziaren jarioa mamitzeko alegoria hoberik, haurren amaigabeko jolas hori ere elikatzen duena, osasunez badaude, ez baitute bertan behera uzten loak gainditzen dituen arte.

Platonek garrantzi handia eman zion jolasari pedagogiarako, eta benetan proposatu zuen jolasaren «santutegiak» sortzea 3-6 urte bitarteko haurrak ordena zorrotz batean hezitzeko. Beste era batera, Baudelairek (1853) ere interesa agertu zuen jolasekiko eta jostailuekiko («ez al da, bada, hor bizitza osoa miniaturaz laburbiltzen, benetako bizitzan baino askoz modu koloretsu, garbi eta distiratsuagoan?»). Jacobok askotan aipatzen duen poetaren testu batean ondoko eran sailkatzen dira jostailuak: «basatiak edo oinarrizkoak» (landugabeak eta naturaren aurkakoak, baina haurraren irudimena oso ondo pizten dutenak); «biziak» (animaliak); «zientifikoak» (hain gogoko ez zituenak); eta «arima dutenak edo hala diruditenak» (automatak) puskatzen direnean bizia ematen dien mekanismoa ikusteko bidea ematen dutenak. Baudelaireren ustez, haurrak jostailu horietako bat apurtzen duenean haurtzaroa amaitzen da, nerabezaroa hasten da eta leize bat zabaltzen da ilusioen eta errealitatearen artean. Eta arrail hori ez da ixten heldutasunera iritsi eta artearen aurrean hunkitzen den arte, haurtzaroko bizitza mentala gogora datorkiolako.

Gaur egungo jostailugileek asko sinplifikatzen dute kontu hau, modu pragmatiko eta komertzialean sailkatuz (ESAR arauaren bidez, esate baterako: *Exercice, Symbolique, D` Assemblage, de Règles*), baina «jostailu» kontzeptuaren mugaketa ez dago oraindik konponduta (horren froga nahi duena saia bedi «jostailuen segurtasunari buruzko» 1205/2011 Errege Dekretuan barneratzen: mamu pentsaezinez betetako baso bat). Agian arazo handiena «jolasa zer den» jakiteko zailtasunetik etorriko da (Wittgenstein, 2017), edota jolasa, jaiarekin batera, esperientzia artistikoaren zimendu antropologikoan egotetik (Gadamer, 1991).

Jolasak eta harekin lotu ohi den gizarte hartu-emanak ugaztun guztiengan aurkitu ohi diren 7 oinarrizko sistema afektiboetako bat osatzen dute (Panksepp eta Biven, 2010). Beste seiek ematen diete euskarria bilaketa, amorru, beldur, libido, haurren zaintza, antsietate eta tristura jokabide/emozioei. Oinarrizko prozesu afektibo horien gainean bigarren mailako beste batzuk finkatzen dira (ikasketa emozionaleko mekanismoen bidez), eta gero, beste batzuk, hirugarren mailakoak (gizakietan baizik ikusten

ez diren gogoeta eta portaera konplexuagoak).
Oinarrizko jolasaren funts neurobiologikoaren
ezagutza oraindik erabat ezagutzen ez den arren,
garbi dago garuneko kortexaren azpiko eremu
zaharretan kokatzen dela. Horiei, gizakiarengan,
kortexarekiko, talamoarekiko, sare-antzeko
eraketarekiko, zerebeloarekiko, ganglioekiko eta
beste garun-egitura batzuekiko konexio konplexuak
gehitu zaizkie. Oraingoz, neurozientziak fenomeno
horiei buruzko berri sendo gutxi ditu, baina badakigu
oinarrizko jolasaren sistema afektiboa bizkortzea
barre oparoen artean gertatu ohi dela, eta hori
badagoela haurtxoaren eta haren zaintzaileen arteko
halako protoelkarrizketan ere; hartatik sortzen dira
esperientziaren irudien eta analogoen lehen eredu
interaktiboak, eta horiek dira, berriz, sinbolismoa
ezartzearen aurrekariak (Meares, 2018), funtzio
kognitibo eta emozional gizatiar nagusia. Batzuek
uste dute jolasa hain dela garrantzitsua —eta
haurraren harekiko beharra hain handia— non
gaueko REM loaldira ere luzatzen baita, halako
perpetuum mobile bat balitz bezala. Hartara, gizaki
bakoitzaren berezitasuna eta estiloa definitzen dituen
fenomeno mental askotariko eta elkarrekin loturarik
gabeekin integratuko lirateke afektu konplexuak
(Klinger, 1971).

Lerro hauek idazteko eskatu zidatenean Jacoborekin
haurretan bizi izandako norbaitekin hitz egitea
pentsatu nuen. Jacoboren aitarekin hitz egiteko
Granadarako bidaia bat baliatu nuen, han bizi baita
José Antonio Delgado, pedagogo erretiratua, afizioa
gutxitu ez zaion futbolari ohia eta hizlari bikaina. Ia
galdetu aurretik ere aipatu zituen Paqui Castellanoren dohain artistikoak, hura ere pedagogoa eta
Jacoboren ama, 1998an hila. Bereziki deigarria
gertatu zitzaidan protoeskultura (ala protoinstalazio?)
zoragarri baten oroitzapen hunkigarria, ama-semeek
elkarrekin egin zutena «sardina-ehorzketa»-ri
—Espainiako eta Latinoamerikako hainbat lekutan
Ihauteriei amaiera ematen dien jaia— buruzko
etxeko lan baten betebeharrari erantzuteko. Jacobo
futbol jokalariaren ezaugarriren bat ere ezagutarazi
zidan, zeina isilpean gordeko nuela zin egin
bainuen. Eta gero, haren lan artistikoa bultzatzen
duten nortasunaren alderdi batzuk hobeto ulertzen
laguntzen duten beste gauza batzuez mintzatu zen:
ekintzarako beti prest egotea, umore sarkastikoa,

baikortasun alaia, ezbeharrei aurre egiteko modua,
bere intimitatearen ardura, zeregina mugatzea,
estoizismoa, egokitzeko eta «daukanarekin
moldatzeko» gaitasuna, eta harremanak izateko eta
jolasteko modua (futbola barne). Modu zeharkakoago
batean, pista batzuk ere eman zizkidan haren lana
ateratzen dela dirudien sustrai artistiko sakon eta
zabalei buruz. Urrutitik dator hori guztia, eta inoiz ez
da eten. Aurrera dagi, dibertsifinkatzen da baina ez da
errepikatzen. Haren lanaren azpian dagoen oinarrizko
prozesuak hor dirau, baina bigarren eta hirugarren
mailako prozesuak aldatu egiten dira haren bizi-
zikloarekin batera, eta ez dut jolas horren amaiera
ikusten. Errepara bezaio irakurleak, ezagutzen badu,
Jacoboren barrearen biribiltasunari.

Luis Caballero Martínez
Psikiatria-sendagile eta bildumagilea
Madril, 2019ko urtarrilaren 20a

bibliografia

Baudelaire, Charles, *Oeuvres Completes I*. Paris,
Gallimard, 1975.
Boletín Oficial del Estado (BOE), 1205/2011 Errege
Dekretua, jostailuen segurtasunari buruzkoa (2011ko
abuztuaren 26a).
Gadamer, Hans Georg. *La actualidad de lo bello*,
Bartzelona, Paidós, 1991.
Klinger, Eric, *Structure and functions of fantasy*, New
York, John Wiley & Sons, 1971.
Meares, Russell, «The making of mind», *Australasian
Psychiatry*, 26. zk., 2018, 79-81. or.
Panksepp Jaak eta Lucy Biven, *The archeology of mind*,
New York, Norton, 2012.
Wittgenstein, Ludwig, *Investigaciones filosóficas*,
Madril, Trotta, 2017.

oão mourãoren eta luís silvaren (kunsthalle lissabonen zuzendariak) eta jacobo castellanoren arteko elkarrizketa

Joko batean bezala pentsatu nahiko genuke elkarrizketa honetan. Emaitza posible bakarra izatea berdinketan amaitzea, irabazlerik eta galtzailerik gabe. Itxuraz modu erabat antzuan bestearen konpainiaz gozatzeko aukera dugun jolas bat. Guk egingo dugu lehen mugimendua. Bada autorretratu bat, Rubik-en kuboaren tankeran 2015ean egina. Kuboak dituen aurpegi adina aukera edo konbinazio daude zugan eta zure praktikan pentsatzeko? Zugan eta zure lanean buruhauste batean bezala pentsatzen duzu?
Xaboia eta Madrilgo nire etxean hilabeteetan jasoz joan nintzen hautsa erabiliz egin nuen kubo bat da. Erraztatzen dugun hauts hori gure azaletik dator neurri handi batean, geure zati ñimiñoak dira. Gogoko nuen neure burua erraztatu eta kutxa batean gordetzeko ideia. Orain, pieza horretan pentsatuz, uste dut autorretratu bat baino gehiago familiaren erretratu bat izan beharko zuela, hauts horretan nire emaztearen eta semearen zatitxoak ere egongo baitira. Eskultura txiki hori xaboi gisa erabili nuen egun batzuetan, higatzeko. Pixka bat gastatu ondoren bakarrik erabaki nuen Rubik-en kubo bihurtzea.

Agian egongo da zerbait amankomunean nire lan egiteko moduaren eta puzzle bat osatzeko edota Rubik-en kuboa bera askatzeko moduaren artean. Puzzle baten irudia aurkitzeko, piezaz pieza jarri behar dugu mahai gainean. Irudi-zati batek bakarrik eramaten gaitu hurrengora, eta hala dena osatu arte. Nire lan egiteko modua horren antzekoa da. Eskultura bat egiteak elkarrekin lotutako erabaki txiki multzo bat eskatzen du. Zur zati bat hormaren kontra apurtuz has dezaket artelan bat. Egur-printza horiek leundu egin daitezke. Lizpaperean zerrauts pixka bat geratzen bada, litekeena da azkenean paper hori eskulturaren parte izatera igarotzea, eta hala bata bestearen segidan. Ezinezkoa gertatzen zait lan baten amaiera nire buruan ikustea, erabaki txikien emaitza da dena.

Elkarrekin lotutako erabaki txikien metatze-prozesu gisa mintzo zara eskulturaz. Erabaki bat ezinezkoa da aurrekoak hartu ezean. Eskultura ulertzeko modu horrek esan nahi du prozesu hori aldi berean forma eta edukia dela? Artelan baten narrazioak haren mundura iristea irudikatzen du?
Bata bestearen segidan sortzeko prozesu honetan, materialak esperientziaz hornitzen saiatzen naiz. Inoiz izango den lan horri bizipenak ematea bezala da. Ez dakit erabiltzen ditudan elementu batzuekin eta besteekin lan egitearen bidez artelanaren «eraikitze biografikoa»-z hitz egin ahal izango ote nukeen. Atsegin dut pentsatzea prozesua abiatzeko zur zati bat hormaren kontra bortxatzen badut material horri esperientzia tragiko bat ematen ari naizela, eta orduan bakarrik has gaitezkeela lanean. Forma eraiki ahala, edukia eta bizipena ematen dizkiot lanari, hura autonomo eginez noa.

Bestalde, eta nahiko sarritan, han-hemenka erosten ditudan objektuak, eta lehen aipatu dudan prozesua osatzen dutenak, erantsiz joan ohi naiz. Artelanari berari gehitzen zaizkion istorioen edukiontzi gisa ikusten ditut objektu horiek

Objektu horien biografiak sarritan zure biografia pertsonalean integratuta daude. Zenbateraino da garrantzitsua zure historia pertsonala zure jardunerako? Zure lan asko edota are zure erakusketa asko memoriaren halako arkeologia bat direla suposatzen badugu, zer azaleratu, ulertu, testuinguruan kokatu eta gorde nahi duzu?
Bada gertakari bat, orain urte batzuk jazoa, nire objektuekiko harremana eta nire biografia ulertzeko garrantzitsua.

Orain denbora bat aitona-amonen etxera itzuli nintzen, haurretan uda asko igarotako lekura. Aspalditik abandonatuta zegoen, horma batzuk erorita, eta hauts-geruza fin batek estaltzen zuen dena. Garai hartan, artelanak egiteko material tradizionalak —olioak, margo akrilikoak, bernizak eta abar— erabiltzea eragozten zidan osasun-arazo bat neukan; beraz usain bortitzik ez zerien material berrien bila nenbilen, toxikoak ez ziren materialen bila.

Luzaro ibili nintzen etxe horretan gora eta behera, aulki, mahai, leiho, familia-album eta nire familiak han utzitako objektuei begira. Bazirudien denbora geld tua zela toki horretan. Egun batez ohartu nintzen aurrean nituela bila ari nintzen material

horiek guztiak. Orduan, etxeko leihoak erauzten hasi nintzen, elkarrekin mihiztatu eta etxean bertan eskultura suntsikor txikiak sortzen. Oroitzen naiz garai hartan hautsa biltzen nuela, nire familiaren azalaren arrastoak izango zituen hauts hura eta, gainera, soroetako lurraren izpiak, nire aitonak zaintzen zituen olibondoenak, leihoen zirrituetatik sartuak izango zirenak. Pentsa zer nolako laneko materiala! Hauts hori ez zen familiaren halako erretratu bat bakarrik, inguruko nekazaritza-jardueraren lagin bat baizik.

Vitoria-Gasteizko erakusketan aurkeztuko dudan artelan batean (Izenik gabe, 2019) ikusten da nola erabiltzen dudan hauts hori nire lanean. Etxe hartan jasotako hautsa nire aitonak urteetan erabili zuen zinema-proiektagailuan igurztea erabaki nuen (nire aitonak Cervantes zinema sortu zuen, herriko lehena) eta esprai baten bidez finkatzea, han gera dadin betiko. Proiektagailu hori oso objektu garrantzitsua da. Imajina ezazue, Jaéngo probintziako herri txiki batean (Villargordo), Frankoren diktadura betean, zinema horrek oliba-laborean aritzen zen herri bati kultura ematen eta haren aisialdia dinamizatzen lagundu zuen. Elkar uler dezagun, nik ez dut zinema-proiektagailua eskultura bat egiteko erabili, proiektagailu horrek orduko gizarterako izan zuen esanahia erabiltzen dut, eta nire aitonaren jarrerarekin lan egiten dut, eginkizun hori burura eramateko konpromisoa hartu baitzuen.

Etxeko altzarietara itzuliz, pentsatu nuen aulki haiek familiaren bizipenez beteta zeudela, material haiek istorioen edukiontziak zirela. Eta nik, kulunkaulki haietako bat erditik ebakitzen nuenean ez nuen zura ebakitzen, ehunka istorio ebakitzen nituen, ehunka, nire istorioetatik.

Bestalde, denboraren iraganaren gorabeherak objektuetan arakatzea interesatzen zait; auzitegi-medikuaren lana egitea da ia. Profesional horiek gai dira gure hezurretan kolpeek utzitako markak irakurtzeko, eta baita hilketa batean erabili den indarkeria-maila neurtzeko ere, esate baterako. Bai, litekeena da ni auzitegi-mediku huts egin bat izatea.

Inguratzen nauen mundua objektuen bidez baloratzea, ulertzea. Gauzak puskatzea, istorioak zartatzea, gauza horien guztien barruan dauden kontakizunak berregitea, nire biografiarekin zerikusia izan ala ez. Hori da nire lana.

Frankismoaren garaian pelikulak ikusteko jardueraren inguruan bildutako erkidego baten irudia izugarri boteretsua da. Irudi horrek eten bat gertatzeko ahalbidea darama berekin, eta horrek ere oso garrantzitsua dirudi zure jardunean. Eta eteteko ekintzan —nahiz historiarekin, nahiz gizarte-ohiturekin, nahiz harreman pertsonalekin zein familiartekoekin— urruntzen da zure lana auzitegi-medikuntzatik. Agian hurbilago zaude auzitegi-antropologiatik auzitegi-medikuntzatik baino, ez al duzu uste?

Bai, bat nator zuen gogoetarekin, nire egiteko modua gertuago dago auzitegi-antropologiatik, dudarik gabe. Orain urte batzuk lankide bati esaten nion nire lana ezin nuela beste era batera garatu, hazi nintzen tokia kontuan izanda izan ezik. Jaénen jaio nintzen arren, Realejon hazi nintzen, Granadako judu auzoan, Alhambratik metro gutxira. Aztarna historikoz, uharkaz eta ia etxe guztietara modu miresgarrian ura iritsarazten zuten buztinezko hodiz betetako toki bat da. Familiaren etxean, hain zuzen ere, berrikuntza-lan batzuk egin genituen eta patioan adreiluzko pasabide baten sarrera ematen zuena agertu zen. Ihesbide gisa eraiki zituztela uste dut, Alhambra erasota ere. Nahiko arruntak dira auzoko etxeetan.

Nola ez kontuan izan hori?

Ezagutza zientifikoaz ari garela, mintza gaitezen azalaz; giza-gorputzaren organo handiena da, eta zure jardunean funtsezko elementua. Zuk azalaz egiten duzun erabilerak —gorputzetik askatu ahala, azalaren halako hauts bat, arretaz jasoz— badirudi oso hauskorra den zerbaiten babesa adierazten duela, giza gorputzarena, bizitzarena, eta, aldi berean, gorputz hori bera babesteko ahalegin horren porrota. Zuzena da esatea gorputza finkatzen edo egonkortzen saiatzen ari zarela, edota gorputz hori ukigai mantentzea ahalbidetzen, honezkero materiala ez izan arren?

Interesgarria da, inoiz ez baitut pentsatu azala organo babesle bat denik, baina begien bistakoa da. Egunak daramatzat honi bueltaka, eta benetan esango dizuet, ez dakit nondik heldu; zalantza gehiago bururatzen zaizkit ziurtasunak baino, eta hori zoragarria da, uste baitut zalantza dela «sortzeko akuilu»-etako bat.

Goazen puntuz-puntu. Aitortzen dut atsegina gertatzen zaidala neurri batean hautsa biltzea.

Horren parte bat eskultura egiteko material gisa erabil daiteke, baina zoragarria da pentsatzea egunero gure parte bat botatzen dugula zakarretara. Guztion irismenean dagoen halako etxeko garbiketa bat.

Nire artean pentsatzen dut gauza bati hautsa eranstea ez ote den babesten duen azal bat sortzea. Hori horrela balitz, pentsa genezake hautsa eransten diedan objektuak hain baliotsutzat jotzen ditudala non haiek babesteko beharra sentitzen baitut. Eta hori guztia, ez ote da objektua gizatiartzeko prozesu bat? Ez dakit.

Orain azal bihurtu diren Villargordoko etxe haren hormak ditut orobat gogoan. Horma horietako batzuk erorita zeuden denboraren iraganagatik, eta hauskortasun eta babes ideia datorkit orain gogora.

Objektuaren babesaren eta gizatiartzearen gai horretan pentsatzen jarraituko nahiko nuke, eta hori egiteko beharra sentitzen dut, erantzuna aberasteko, agian. Eskerrik asko!

Objektua gizatiartze hori emozionalki zure inkontzientearekin konektatzeko ahalegin bat da? Inkontziente pertsonal horrekin konektatzeko modu gisa ulertu daitezke zure artelanak? Inkontziente pertsonalaz mintzo gara, baina inoiz ez da pertsonala hutsik; gizartearena ere bada eta, beraz, taldean partekatua.
Inoiz ez dut ezkutatu alde emozionalak nire lanean duen garrantzia, uste dut nire proiektu guztietan sumatzen dela. Nire lana nire luzapena da; beti esan izan dut Jacobo pertsona dela garrantzitsua, ez Jacobo Castellano, eta ezagutzen dudan Jacobo irrazionala da.

Era berean, ezin dut ezkutatu intuizioa nire sortzeko prozesu guztian zein garrantzitsua den. Etxe horretan lanean hasi nintzenean zalantza asko sortu zitzaizkidan nirekin eta nire inguru hurbilenarekin lotutako lan horiek nola ulertuko ziren. Luze gabe ulertu nuen, aipatu dugun bezala, jaso nuen hautsak herriko jende askoren zatitxoak zituela, leihoetatik sartuak. Olibondoak ere han zeuden! Hauts horren eskutada bati begira esan nuen: Hemen gaude guztiok! Eta lasaitu egin nintzen, ulertu nuelako nire lana hurbilenaren eta taldearen artean mugitzen dela. Materialak hausteko, apurtzeko nire beharraz mintzatu gara. Nork ez du horma baten kontra zerbait puskatzeko beharra sentitu? Hor ere, guztiok gaude.

Utz iezadazue anekdota bat kontatzen. Aurreko batean hitzaldi bat ematera gonbidatu ninduten Artiumen, eta bertan esan nuen gustatuko litzaidakeela ikusleek nire lanean «haurtzaroarekin» lotutako jarrerak ikustea. Lehen eskola-urteetako ikasgeletako egituraz oroitu nintzen, lau urtetik sei urtera bitartean. Mahai biribiletan esertzen ginen eta elkarri aurpegira begiratzen genion beti, besoa luzatzea nahikoa zen plastilina partekatzeko. Lapurtu ere lapurtu zitekeen. Hurbiltasuna eta kontaktua garrantzitsuak ziren. Gustatuko litzaidake nire lana ikusita batek imajinatzea nolakoak ziren dena bertan zegoen ikasgela haiek. Zertxobait geroago dena aldatu zen. Irakaslea oholtza batera igo eta gu lerroka jarri gintuzten: entzun eta ixo! Guztiok gaude hor ere.

Esan ote genezake erakusketak sistema hierarkiko horretatik kanpo asmatzen eta egiten saiatzen zarela? Nola ihes egin diezaiokegu «agintea» duenaren ahotsari (artistaren, komisarioaren eta/ edo erakundearen ahotsari)?
Ez, egia esanda, eroso sentitzen naiz sistemarekin, sistema hori eratuta dagoen moduan. Kontraesankorra litzateke CAACen eta Artiumen bi erakusketa hauek egin eta sistema aldatzeaz hitz egitea. Nekagarria gertatuko litzaidake horretan ahalegintzea eta nire eskultura-proiektuan pentsatzeko denbora kenduko lidake. Sistema barrutik alda ote daiteke? Ez dakit, agian bai.

Elkarrizketa honekin hasi aurretik jokoaren ideia planteatu duzue. Joko bat, zeinaren bidez elkarrizketa hau eraikiz joango baikinen pausoz pauso, galderak egiten jarraitzeko erantzun batzuk kontuan izanez, edo izan gabe. Bi aldeentzako balioko bizikidetza arauak finkatu ditugu.

Komisarioarekiko eta erakundearekiko nire harremana berbera da beti: mundu guztia proiektuarekin eroso sentitu dadin saiatzea. Hori da gutako bakoitzak ahal duen gehiena emateko modu bakarra. Horrela lortzen dira, soilik, emaitza onenak. Ahalik eta gogo aldarte onenak gertatzeko baldintzak jartzea da kontua, norbera exijentzia-maila gorenera eramateko.

Dudarik gabe uste dugu sistema barrutik birpentsa daitekeela, baina era berean pentsatzen dugu lan egiteko modurik onena aipatzen duzun hau dela, mundu guztia proiektuan elkarrekin egonez eta

denak lanean dibertituz. Elkarbizitzaren ideia oso garrantzitsua da gure kontserbatzaile-jardunerako, jokatzeko modu kritiko gisa, eta ona da beti era berean lan egiten duten beste artista batzuekin topo egitea. Zein izan da *riflepistolacañon*-ekiko zure harremana ia hogei urteko lana errepasatzeko modu gisa eta aldi berean zure lana etorkizunean zer bihur daitekeen imajinatzeko modu gisa? Hau jolasten ari garen joko bat baldin bada oraindik, ba ote da lan berriak imajinatu eta ekoizteko aurrea-hartzearen karta jokatzeko unea ere?

Bitxia da ikustea nola elkarrizketa honetan, zuen galderei eta oharrei arreta jarriz, narrazio-ahalmen bereziko irudiak eratuz joan zaizkidan buruan. Zuekin partekatuko dut bat.

Heriotzatik hurbil egon diren pertsona batzuek ohiz kanpoko esperientzia bat kontatu ohi dute: segundo milaren batean bizitza iruditan igarotzen ikusi dutela esaten dute, bizitza osoa!, eta horren ondoren tunel ilun batean aurrera doaz, erremediorik gabe erakartzen dituen argi distiratsu baterantz. Niri horren antzeko zerbait gertatu zait proiektu honekin, nire bizitza osoa segundo batean igarotzen ikusi dudala iruditu zait. Baina bizi-bizirik jarraitzen dut, eta hona nire galdera: eta orain zer? Agian horrek esan nahi du beti asmatu ez baldin badut ere, ez naizela nahitaez okertu ere.

Une honetan nire bizi-inguruak energia asko eskatzen dit; bi haur txiki izanda, uste dut edonork imajina dezakeela. Bitxiki, exijentzia fisiko handiko artelanei aurre egin nahi izatera bultzatzen nau zerbaitek, ez dakit horrela geratzen zaidan freskotasun apurra agortu nahirik ote nabilen. Nire mugak kudeatzen ikasteko metodo on bat izango da, zergatik ez?

Etorkizuna iragartzeko kristalezko bola on bat da onena. Hala ere, inoiz ez dut beira lantzeko aukerarik izan. Agian zurezko bat zizelkatuko dugu, espainiar intxaurrondo on batekin, bola-jokoan aritzeko. Hori bai, imajina dezagun oso pista aldapatsu batean jolasten ari garela, bola beti gure oinetara itzul dadin. Energia aurreztuko dugu, eta geratzen zaigun kemenarekin, bada, lanean jarraituko dugu.